RG
1317

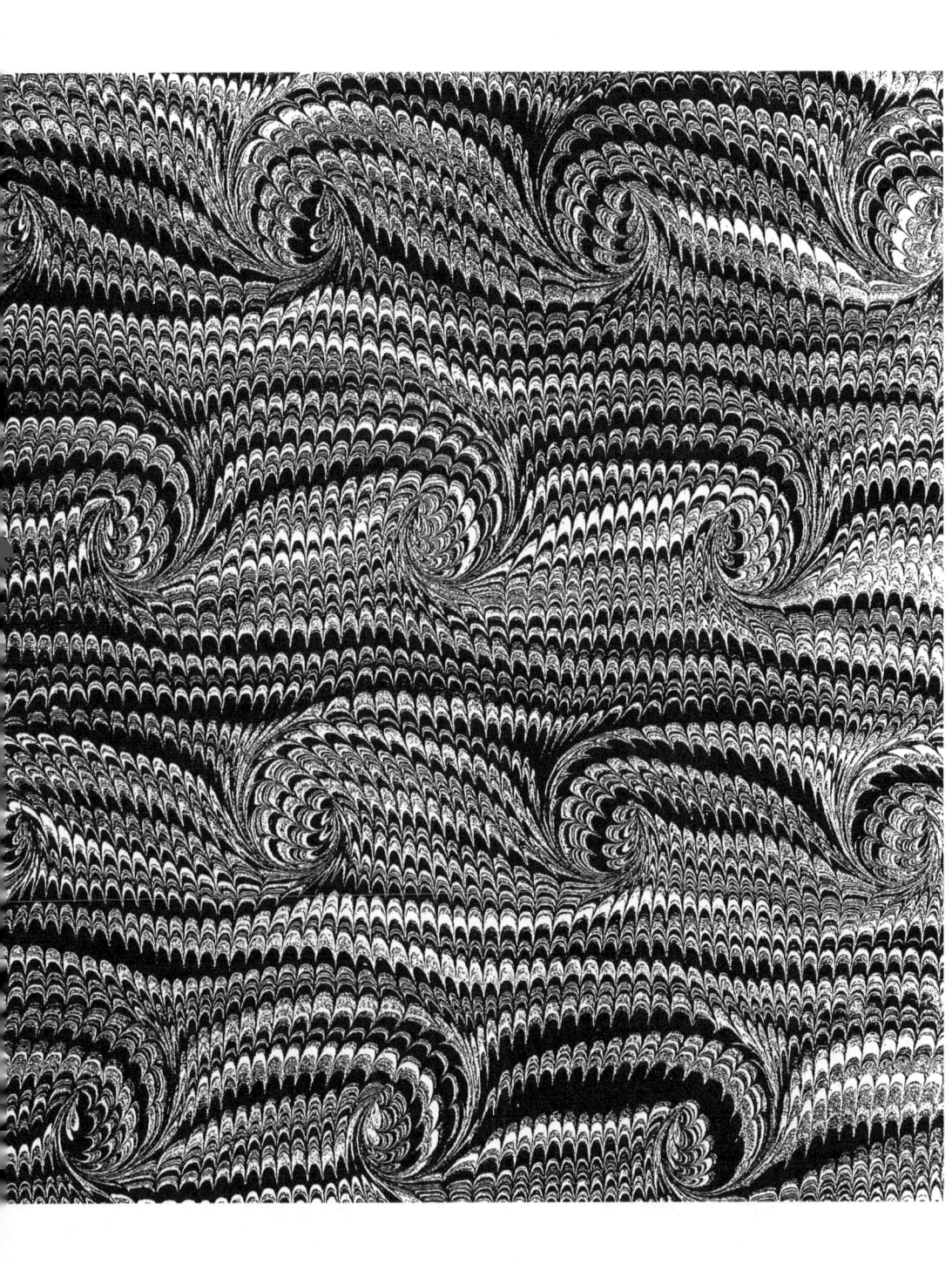

ACADÉMIE ROYALE DE BELGIQUE.

(EXTRAIT DU TOME XXVIII DES MÉMOIRES.)

ÉTUDES

SUR

L'HISTOIRE DU XIIIME SIÈCLE,

PAR

M. KERVYN DE LETTENHOVE.

(Présenté à l'Académie, le 4 avril 1853.)

ÉTUDES
SUR
L'HISTOIRE DU XIIIME SIÈCLE.

DE LA PART QUE L'ORDRE DE CÎTEAUX ET LE COMTE DE FLANDRE PRIRENT A LA LUTTE
DE BONIFACE VIII ET DE PHILIPPE LE BEL.

> *Poichè la carità del natio loco*
> *Mi strinse, raunai le fronde sparte.*
> (Dante.)

Si le règne de Philippe le Bel occupe une place à part dans l'histoire de la France au moyen âge, c'est qu'à ce règne appartient la tentative à la fois la plus astucieuse et la plus hardie, pour s'affranchir de toutes les lois et de toutes les règles, soit qu'elles reposassent sur des liens sacrés, soit qu'elles dussent leur origine au droit traditionnel de la nation. En d'autres temps, la royauté avait noblement groupé autour d'elle tous les éléments de la vie politique, s'élevant et se fortifiant elle-même, en même temps qu'elle présidait à leur développement régulier et pacifique. Par une conduite toute différente, à la fin du XIIIe siècle, il semble qu'elle ne puisse être grande et forte qu'en s'isolant et en s'entourant de ruines. C'est ainsi que nous la verrons lutter contre la papauté pour ne reconnaître rien au-dessus d'elle, fût-ce un avertissement donné au nom de

Dieu, puis combattre les grands vassaux, afin de ne plus trouver d'égaux à ses côtés, dût-elle rester seule pour défendre la France; et si elle protége le tiers état, c'est qu'elle ne craint point d'y chercher l'instrument de ses passions et de ses haines [1].

Gui de Dampierre, comte de Flandre, fut le représentant le plus éminent et le plus illustre de la résistance des grands vassaux. Celle de l'autorité religieuse fut revendiquée en France par l'ordre de Cîteaux ; mais les phases diverses qu'elle traversa sont restées enveloppées de ténèbres profondes. Avant de citer comme objet principal de ces études, les nombreux documents inédits qui serviront à préciser les détails de cette double lutte, il faut s'arrêter un moment pour rappeler les relations qui, depuis longtemps, unissaient la maison des comtes de Flandre, et la Flandre elle-même, à l'ordre de Cîteaux.

Ces relations étaient placées dans tous les souvenirs sous le patronage du grand nom de saint Bernard. C'était saint Bernard qui était venu en Flandre choisir Robert de Bruges, comme le seul qui fût digne de le remplacer lorsqu'il aurait terminé sa féconde carrière [2]; c'était saint Bernard qui avait proclamé qu'entre tous les grands vassaux le comte de Flandre était le soutien du royaume de France [3]. Les Flamands avaient répondu à son appel, ceux-ci en se retirant dans le cloître qu'il avait fondé [4], ceux-là en mourant dans la croisade qu'il avait prêchée [5]. Les princes eux-mêmes étaient entrés, sur les pas de l'abbé de Clairvaux, dans l'une ou l'autre de ces voies. Tandis que Thierri d'Alsace prenait la croix, un de ses neveux, nommé Albéron, devenait religieux dans l'ordre

---

[1] Sans aller chercher dans l'histoire de l'Angleterre des exemples trop connus de l'alliance des barons et des communes, il est permis d'affirmer que celle qui se forma contre les usurpations de Philippe le Bel reposait sur une pensée toute nationale, liée aux pieux souvenirs du règne de saint Louis, qui avait protégé « vaselaiges et bons usaiges » (*Dit dou pape et dou roy*). C'est ainsi qu'elle se retrouve pleine de force et de vie dans la chronique métrique de Godefroi de Paris, aussi bien que dans les Mémoires du sire de Joinville, qui disait, en racontant sous Philippe le Bel les vertus de son aïeul : « Grant déshonneur sera à ceux de son lignaige qui ne le vouldront ensuir. »

[2] Henriquez, *Fascic. SS. ord. Cisterc.*, p. 155.

[3] *Opera S. Bernardi*, I, p. 205.

[4] Gaufred. mon., *Vita S. Bernardi*, ap. Boll. *Acta SS., Aug.*, IV, p. 309.

[5] *Gesta Ludov.*, ap. Duchesne, p. 404.

de Cîteaux [1]. Ce fut à l'abbaye de Clairvaux que furent ensevelis le comte Philippe, mort au siége de Ptolémaïde, et sa femme, l'altière Mathilde de Portugal, qui ne lui survécut que pour voir les malheurs de la Flandre [2]. Dans des temps plus glorieux, Baudouin offrit à l'ordre de Cîteaux le gonfanon impérial conquis sous les murs de Constantinople. Sa fille, la comtesse Jeanne, éleva un monastère du même ordre pour obtenir du ciel la fin de son veuvage [3], et ce fut sous l'humble habit des vierges de Cîteaux qu'elle rendit le dernier soupir [4]. Ses aumônes avaient été si abondantes que, pendant sa vie, on commençait les travaux de la moisson à l'abbaye de Clairvaux, par de solennelles prières pour elle [5] : son exemple fut imité par sa sœur Marguerite et par Gui de Dampierre, qui, prêt à partir pour Tunis, croyait ne pouvoir mieux appeler sur lui la protection du ciel [6].

Les grandes abbayes cisterciennes avaient rendu à la Flandre les bienfaits qu'elles tenaient de la générosité de ses princes. La laine de leurs troupeaux enrichissait le tisserand flamand [7], et en même temps elles imprimaient un rapide essor aux travaux de l'agriculture [8]. C'était dans les dunes arides, dans les marais insalubres, comme l'indiquait le nom même de la plupart des monastères, qu'elles avaient fertilisé le sol et créé des sillons couverts de moissons. La science elle-même allait, sous la protection de l'ordre de Cîteaux, puiser aux sources fécondes de l'université de Paris [9], dans ce collége de Saint-Bernard, fondé par Étienne, abbé de Clairvaux, avec le concours de Marguerite de Constanti-

---

[1] *Chr. mon. de Dunis*, p. 7.

[2] Henriquez, *Fascic. SS. ord. Cist.*, p. 417; *Stat. ord. Cist.* anno 1192, Martene, *Thes. anecd.*, IV, col., 1273.

[3] Manrique, *Ann. ord. Cist.* ad annum 1225; *Stat. ord. Cist.* anno 1225.

[4] Henriquez, *Menol. ord. Cisterc.*, p. 407.

[5] Déclaration de Guillaume, abbé de Clairvaux (février 1258, v. s., archives de Lille).

[6] Charte du mois de mai 1270 (archives de Lille). Une sœur de Gui de Dampierre était abbesse dans l'ordre de Cîteaux.

[7] Matthieu Paris, 1254.

[8] L'histoire des développements de l'agriculture à une époque reculée, si elle se fait jamais, devra être puisée dans les archives des monastères. Rien de plus important, à cet égard, pour la Flandre, que les cartulaires de l'abbaye des Dunes.

[9] *Parisius, de fonte sapientiae salutaris. Liber continens varias litteras*, etc., MS. des Dunes, document n° 636.

nople [1], où la Flandre compta de célèbres docteurs qu'entouraient des disciples aussi zélés que nombreux. Avant tout, les moines de Cîteaux étaient frères du peuple par leur charité et leur dévouement [2]. C'était à la porte de leurs monastères [3] que se pressaient les pèlerins, les orphelins et les pauvres, et lorsque la sentence d'interdit descendait d'Arras ou de Tournay sur les villes et les campagnes désolées, c'était aussi au pied de leurs autels que les populations, gardiennes fidèles de la liberté politique, venaient chercher les consolations de la liberté religieuse et se préparer au combat par la prière [4].

Au mois d'octobre 1285, date de l'avénement de Philippe le Bel, nous sommes encore loin du moment où le roi de France confisquera violemment le comté de Flandre, et conduira au bûcher de la porte Saint-Antoine les chevaliers du Temple, agrégés à l'ordre de Cîteaux; mais déjà nous voyons poindre sur le trône cette insatiable avarice qui, selon le vers du poëte florentin, éteint dans le cœur de l'homme l'amour de tout bien [5].

[1] Lettres de l'abbé de Clairvaux, 1277 (archives de Lille). — L'ordre de Cîteaux avait d'autres colléges (studia), à Toulouse, à Montpellier, à Cologne et à Oxford.

[2] *O bone Jhesu-Christe,*
Quam bonus ordo est iste!
(GILLES LI MUISIS, p. 313.)

[3] Voyez, dans le MS. des Dunes, de nombreux documents *de porta seu eleemosyna, de pauperibus qui perpetuo confluunt ad portam, etc.* C'était un religieux de l'ordre de Cîteaux qui remplissait les fonctions d'aumônier dans l'hôtel des comtes de Flandre. A l'entrée de l'abbaye des Dunes, on lisait en lettres d'or : ACCEDITE OMNES AD ELEEMOSYNAM PRO HONORE DEI.

[4] J'ai sous les yeux une consultation d'un théologien de Tournay sur le privilége des abbayes cisterciennes de Flandre, de ne pas être comprises dans les sentences d'interdit. Après avoir dit : *Quod fratres non debent pulsare sic alte, nec cantare quod populus videatur vocari ad audiendum officium divinum, sed submissa voce cantare, et aliquam campanam plane pulsare, quod magis ad congregandum fratres quam ad aliud videantur facere*, elle ajoute : *Si aliquis celebret divinum officium in praesentia excommunicati non propterea efficitur irregularis, multo minus ergo efficiuntur irregulares qui in praesentia interdictorum dicunt divina officia, nec aliquam poenam sustinere debent.* Le privilége pontifical portait toutefois : *interdictis exclusis*; mais cette règle même n'était pas sans exception : *praedicatio verbi Dei est exceptuata et permissa tempore generalis interdicti.* MS. des Dunes, n° 222.

[5] *Come avarizia spense a ciascun bene*
Lo nostro amore onde operar perdèsi.
(DANTE, *Purgatorio*, XIX.)

SUR L'HISTOIRE DU XIIIme SIÈCLE.   7

Parmi les nombreux priviléges des monastères de l'ordre de Cîteaux, il en était plusieurs qui leur assuraient l'immunité des charges extraordinaires. Le pape Innocent II les avait dispensés, à la prière de saint Étienne, troisième abbé de Cîteaux, du payement des dîmes ecclésiastiques [1], et ils avaient également obtenu la même exemption pour la dîme saladine. Leurs prières nous suffisent, disait Philippe-Auguste, prêt à s'embarquer pour la troisième croisade, puisqu'ils nous sont plus utiles par leurs prières que d'autres par leur or ou par leurs armes [2]; néanmoins ce ne fut là qu'une exception. L'ordre de Cîteaux contribua généreusement, en d'autres occasions, au payement des taxes établies par le siége pontifical pour la délivrance de la terre sainte. Fidèle aux souvenirs de saint Bernard, il s'efforçait de réveiller le pieux enthousiasme de l'Europe, tandis qu'il envoyait des religieux encourager les derniers croisés en Syrie [3].

A peine Philippe le Bel était-il monté sur le trône qu'il reçut du pape Honorius IV une dîme de quatre ans pour la guerre d'Aragon [4]. La même dîme avait déjà été accordée à Philippe le Hardi, et il ne paraît pas qu'elle ait donné lieu à quelque plainte. Sous Philippe le Bel, il n'en est plus de même, et un sentiment de crainte et de méfiance qui semble s'inspirer de l'avenir domine dans la lettre que l'abbé de Clairvaux adresse, vers le

---

[1] Lenain, *Histoire de l'ordre de Cîteaux*, I, p. 254. Un manuscrit de la bibliothèque de l'Université de Gand renferme une bulle de Grégoire X qui confirme et étend le privilége; mais l'authenticité en est douteuse.

[2] *Contentus eorumdem orationibus per quas amplius illi valerent quam alii per aurum et arma.* Cistercium bis tertium, p. 663. La chronique de Reims cite un mémorable exemple de la confiance que Philippe-Auguste avait dans les prières de l'ordre de Cîteaux. Assailli par une tempête à son retour de Ptolémaïde, il demanda l'heure aux matelots. On lui répondit qu'il était minuit : *Adont, dist le rois, soions asseur, nous n'averons garde, car mi ami de l'ordène de Cystiaus sont relevé pour proyer pour nous.*

[3] *De ordine Cisterciensium in locis idoneis monasteria constructa sunt*, Marino Sanudo, III, 7, 3; Stat. ord. Cist., anno 1316 : *Conceditur regi Hungariae cum iter arripuerit ad terram Hierosolymitanam secum habere duo monachos.* Stat. ord. Cist., anno 1212, Martène, *Th. anecd.*, IV, col. 1312.

[4] Raynaldi, 1285, 28. En 1290, le pape Nicolas IV fit exhorter Philippe le Bel à consacrer cette dîme à la défense de la terre sainte. Il est à remarquer que l'un des cardinaux qu'il lui envoya dans ce but, était le cardinal Benoît Gaetani, depuis pape sous le nom de Boniface VIII. Raynaldi, 1290, 17.

mois de janvier 1285 (v. st.), aux principaux monastères de l'ordre. Il y raconte que l'abbé de Cîteaux et l'abbé de Pontigny se sont rendus près du roi, et qu'ils ont composé (*composuerunt*) relativement au chiffre de la dîme. Cette composition a été faite *ad vitandum futura pericula, animarum dispendia, conscientiarum naufragia*; mais, bien que fort onéreuse, elle n'a été obtenue qu'avec beaucoup de peine, *non sine magnis laboribus et difficultate non modica*; et l'abbé de Clairvaux en l'annonçant craint lui-même *ne forte hujus impositionis aliquatenus vos terreat tanta summa*. La part d'un seul monastère (celui des Dunes), dans cette dîme, atteignait huit cents livres tournois [1], c'est-à-dire une somme quatre-vingts fois plus considérable que celle qui avait été demandée aux plus riches monastères de Flandre pour la croisade de Tunis.

La dernière année de cette dîme se leva en 1289. De 1289 à 1291, la confiscation des biens des marchands lombards, et d'autres mesures conçues dans le même but, occupèrent Philippe le Bel. En 1292, il se souvint qu'une bulle de Grégoire X avait accordé, dix-sept ans auparavant, une dîme à son père, et il en prit prétexte pour adresser à l'ordre de Cîteaux des réclamations aussi vives que menaçantes. Les abbés de Cîteaux et de Clairvaux se rendirent à Paris, et y firent lire au collège de Saint-Bernard, en présence de deux docteurs flamands, Jean de Weerden et Siger de Gulleghem, une protestation qui se terminait par un appel au pape: *Supponentes ipsos et ordinem suum et subjectos suos et bona sua beatorum Petri et Pauli et sanctae romanae Ecclesiae protectioni* [2]. Cet appel contre les usurpations de Philippe le Bel mérite quelque attention, parce qu'il fut interjeté dans la capitale du royaume: nous ne tarderons pas à en trouver un plus mémorable exemple.

En 1294, la guerre éclata entre le roi de France et le roi d'Angleterre, et une flotte ennemie vint semer la terreur depuis La Rochelle jusqu'à

---

[1] MS. de l'abbaye des Dunes, document n° 279. Clairvaux ne paya que la moitié.

[2] MS. des Dunes, n° 359. Le chapitre général de 1290 mentionne les dépenses faites par des abbés *pro privilegiis et libertatibus ordinis defendendis*. Celui de 1292 s'exprime en ces termes, qui indiquent des craintes plus graves: *Ut caritas ordinis uniformis adversariis nostris appareat terribilis ut castrorum acies ordinata quotiescunque necesse fuerit inter abbates alicujus provinciae convocationem seu contributionem fieri ad defendendas ordinis libertates, etc.*

Bayonne. Cette fois, Philippe le Bel s'adressa humblement à l'ordre de Cîteaux (*humiliter fecit supplicari*), pour obtenir de sa libéralité une dîme de deux années, destinée à préserver ses monastères et ses biens des horreurs de la guerre. L'ordre de Cîteaux l'accorda, et il existe une charte de Philippe le Bel ainsi conçue :

Philippus, Dei gratia, Francorum rex, notum facimus universis quod, cum Cisterciensis, de Firmitate, de Pontiniaco, de Claravalle et de Morimundo monasteriorum abbates, pro se ac personis aliis monasteriorum et locorum aliorum Cisterciensis ordinis regni nostri, decimam suorum ecclesiasticorum proventuum nobis ad biennium integrum, in subsidium pro defensione et felici statu regni nostri [1], sub certis modis et conditionibus duxerint liberaliter concedendam, prout in eorum litteris inde confectis continetur, quarum tenor talis est : Excellentissimo principi domino suo Philippo, Dei gratia, Francorum regi illustrissimo, devoti ejus fratres Robertus de Cistercio, Rufinus de Firmitate, Symon de Pontiniaco, Johannes de Claravalle et Dominicus de Morimundo monasteriorum abbates Cisterciensis ordinis, Cabilonensis, Autissiodorensis, et Lingonensis dyocesum eorumque monasteriorum, etc., cum incrementis pacis et concordiae, successus prosperos ac felices. Ad publicam mundi notitiam a priscis temporibus jam pervenit, quod benedictum regnum Francorum prae caeteris mundi regnis hactenus extitit orthodoxae fidei munimentum et invincibile praesidium catholicae puritatis, in quo quidem regno vestro semper pax viguit, fides crevit catholica, et religio christiana, auctore Domino, felicia suscepit incrementa, et, exulata extra vestri regni terminos discordia, quae palmites suos tetendit usque ad maris terminos, suscipiet in futurum : ad cujus extirpationem sive exilium, necessarium fore credimus subsidium omnium, quibus dicti regni vestri tranquillitas maxime pacem reddat statum parum tranquillum ac securum. Hinc est quod nos abbates praedicti, regni vestri pacem et tranquillitatem affectantes, apud Divionem propter hoc specialiter congregati, diligenti deliberatione praehabita, providimus a nobis et ab omnibus monachorum monasteriis nobis subjectis, dumtaxat in dicto regno vestro existentibus, fore subveniendum vobis ad dictae discordiae exulationem, prout necessitas evidens id exposcit, partem decimam reddituum et proventuum omnium monasteriorum monachorum nostri ordinis in regno vestro existentium, propter dictam necessitatem, reddituum et proventuum dumtaxat quae dicta monasteria in vestro regno percipiunt et consueverunt percipere et habere, et quae ab ipsis monasteriis percipi contigerit et haberi, sub certa tamen forma quam sedes apostolica hactenus observavit, vobis hac vice, per biennium et nomine nostri ordinis Cisterciensis, de speciali gratia concedentes, quae quidem pars decima per unum-

---

[1] *Pro tuitione regni Franciae contra Anglicos et alios inimicos.* Lettre adressée à l'archevêque de Reims, MS. des Dunes, n° 364.

quemque nostrûm, sive successores nostros, in generatione cujuslibet in regno vestro existente, infrascriptis terminis, in conscientiis nostris ac subditorum nostrorum, absque dolo vel fraude fideliter colligetur, cui fidei nostrae stabitur absque alia retractatione, penitus et expresse, ita quod medietatem ipsius in instanti Resurrectione Domini, et aliam medietatem in festo Omnium Sanctorum proximo subsequente quilibet abbas solvere teneatur... Nec vos, domine rex, per vos vel per alium de hoc aliquem compelletis..... Et si, Domino inspirante, cui non est difficile disjuncta conjungere, pax regno vestro benedicto reddita fuerit, ex toto cessabitur a solutione partis decimae supradictae; si vero dicto tempore treugam super dicta discordia iniri contigerit, pro illo tempore quo treuga duraverit, antedicta solutio totaliter suspendetur : ita tamen quod propter solutionem hujusmodi vos dicere non possitis, nec debeatis, vobis jus acquisitum esse in futurum super subventionibus et subsidiis similibus aut aliis, faciendis vobis aut concedendis a nobis aut nostris, quod per praesentes non intendimus concedere ullo modo [1].

On reconnaît aisément la rédaction des conseillers de Philippe le Bel dans le préambule de cette pièce : il manque entièrement dans le texte qui fut adressé aux abbés de l'ordre de Cîteaux, et les lignes qui le remplacent font mieux comprendre que cette concession fut volontaire, et que l'ordre de Cîteaux en dicta les conditions :

Venerabilibus et in Christo karissimis coabbatibus suis salutem et, cum sincera in Domino caritate, patientiam in adversis. Cum nuper ex parte excellentissimi principis Philippi, Dei gratia, Francorum regis, lamentose fuerit expositum, benedictum regnum Franciae inimicorum graves sustinere molestias et incursus, propter quos omnium nostrûm et subditorum nostrorum tranquillitas impugnatur, nobisque et nostris monasteriis minatur periculum ac ruinam, nisi dictis molestiis et incursibus occurratur, ad quae dicti regni vires parum sufficiunt, propter quod nobis fecit humiliter supplicari quod nos auxilium et consilium eidem adhibere curaremus ad extirpandas dictas molestias et incursus, quatenus, exulatis dictis molestiis et periculis, nos et subditi nostri pacis testamento, sicuti hactenus freti fuimus, frueremur : nos vero, attendentes dicta pericula imminere nobis et generaliter omnibus dicti regni, attendentes insuper per jacturam mercium dicti regis, quas quidem merces necesse habet exponere propter pericula supradicta, nostras salvas existere et personas, propter quae, secundum naturalis aequitatis rationem et sanctiones legitimas, debemus de bonis nobis a Deo collatis ad supportandum tantae molis pondus subvenire; quocirca apud Divionem specialiter congregati, de bonorum consilio, duximus ordinandum quod, etc. [2].

[1] MS. des Dunes, n° 363.
[2] MS. des Dunes, n° 367. Cf. la lettre de l'archevêque de Bourges, du 31 juillet 1294, les statuts du concile d'Aurillac, et la lettre de Philippe le Bel du 10 février 1294 (v. s.); Martène, *Thes. anecd.*, IV, col. 213, 215 et 217.

Lorsque les Anglais eurent été repoussés, lorsque Gui de Dampierre, conduit prisonnier au Louvre, y eut laissé, comme otage, sa fille déjà fiancée au fils d'Édouard I*er*, Philippe le Bel changea de langage. Ce n'était point assez qu'il eût promulgué comme loi somptuaire une ordonnance qui portait que quiconque possédait moins de six mille livrées de terre, serait tenu de remettre le tiers de sa vaisselle d'or et d'argent au roi, qui en déterminerait le prix [1]. Ce n'était point assez qu'il eût proclamé lui-même l'altération des monnaies, en chargeant ses successeurs d'indemniser ceux qui auraient à en souffrir [2]. Tel était le besoin d'argent qui le pressait, comme il le dit lui-même [3], qu'il prescrivit la levée du centième, puis du cinquantième de tous les biens meubles et immeubles, sans aucune distinction entre les biens des clercs et ceux des laïcs. Toute la France s'en émut, et le nom de maltôte, donné à cet impôt universel, est resté comme une énergique protestation de ceux qui le subirent [4].

Tandis que les évêques hésitaient, les uns parce qu'ils devaient tout à la faveur du roi, les autres parce qu'ils craignaient sa colère, ou parce qu'ils se voyaient réduits à des réclamations isolées, l'ordre de Cîteaux prit le premier la défense des immunités ecclésiastiques. Dans toutes les provinces, les abbés répondirent par un refus formel aux ordres des officiers royaux, et lorsque quelques évêques, requis par le roi, les menacèrent de les contraindre en vertu de leur autorité ecclésiastique, ils répondirent par une déclaration dont le texte nous a été conservé dans le diocèse de Tournay :

Coram vobis, reverende pater domine, Dei gratia, Tornacensis episcope, propono et dico quod, licet toti Cisterciensi ordini a sede apostolica sit indultum quod ipse ordo vel aliqui de ordine non teneantur ad onus alicujus repentinae ac extraordinariae decimae seu alterius exactionis, inhibitumque existat, per easdem indulgentias, monasteriis, personis et bonis ipsius ordinis de caetero hujusmodi decimam et exactionem, quocumque censeantur nomine, imponi seu exigi, sub quavis forma vel expressione verborum, ab

---

[1] Ord., I, p. 324; charte du 17 juillet 1295, aux archives de Lille.
[2] Lettres du mois de mai 1295, archives de Paris.
[3] *Cum magnis pecuniarum quantitatibus indigeamus.* Lettre du 13 avril 1296, archives de Rupelmonde.
[4] Guill. de Nangis, 1296.

eisdem, aut ipsum ordinem vel aliquos de ordine super illis aliquatenus molestari, ac per eandem sedem decretum, omnes suspensionis, interdicti seu excommunicationis sententias in dictum ordinem, monasteria, personas vel bona eorum propter hoc quacumque auctoritate latas, irritas et inanes ac viribus omnino carere, etiam si exactiones, collectae vel subsidia quaecumque a sede apostolica vel legatis ejusdem essent impositae, nisi per litteras sedis ipsius seu legatorum ejus, facientes plenam et expressam de indulgentia hujusmodi mentionem, quaeque personae ipsius ordinis aut ordo ipse vobis non subsint per sedis praedictae privilegia, etiam ratione delicti, nisi pro fide dumtaxat, absque mandato sedis apostolicae speciali : nichilominus tamen vos personas Cisterciensis ordinis praedicti, abbates videlicet, abbatissas et quascumque alias personas per vestram dyocesim monuistis seu moneri fecistis de facto, cum de jure non possitis, super solvenda centesima, contra supradictas indulgentias indebite veniendo, in quam centesimam, vel quotam quamcumque aliam, dicti Cistercienses, sicut ad ejusdem impositionem auctoritate vestra vocari non poterant nec erant vocati, ita nec consenserant nec consentire poterant : quare ego, cum praedictos Cistercienses dominos meos in praemissis omnibus et singulis sentiam esse indebite pergravatos, timens etiam, ex probabilibus causis et verisimilibus conjecturis, ne contra Cistercienses dominos meos, eorum ecclesias atque loca, et adhaerentes eisdem et quoslibet adhaerere volentes, aliquo modo procedatur indebite et de facto, ob praemissa gravamina omnia et singula, et ne contra ipsos indebite et de facto procedatur in aliquo, ut est dictum, contra vos, domine reverende pater, Dei gratia, Tornacensis episcope, et omnes et singulos quos tangit vel tangere potest praesens negotium, nomine procuratorio et nomine praedictorum Cistercensium dominorum meorum, ecclesiarum suarum seu locorum, et adhaerentium seu adhaerere volentium eisdem, ad sedem apostolicam, prout possum et debeo, in hiis scriptis provoco et appello, et appellationes, prout debeo, cum instantia qua convenit michi dari et concedi peto, supponens ipsos Cistercienses dominos meos, eorum ecclesias, loca atque bona, adhaerentes seu adhaerere volentes eisdem, et ipsorum omnem statum et bona, protectioni sedis apostolicae [1].

Que l'ordre de Cîteaux ait compris la gravité de la situation en s'opposant ouvertement aux volontés de Philippe le Bel; qu'appelé à choisir entre le devoir qui parlait à sa conscience et le péril qui menaçait ses personnes et ses biens, il ait courageusement préféré le péril, on ne peut en douter : il trouvait dans sa propre histoire de mémorables exemples auxquels il ne pouvait qu'être fidèle.

Lorsqu'en 1128 le roi Louis VI persécuta injustement l'archevêque de Sens, l'abbé de Cîteaux convoqua une de ces saintes assemblées de

[1] MS. des Dunes, n° 723.

l'ordre d'où s'élevait, disait-on, une colonne de lumière jusqu'à Dieu [1], et tous les abbés, apposant leurs sceaux à une lettre qui avait été rédigée par saint Bernard, supplièrent le pape Honorius III de faire entendre sa voix pour la liberté de l'Église [2].

En 1296, la même marche fut suivie. Un chapitre général fut convoqué. Saint Bernard eût pu y répéter : *Alter Herodes Christum jam non in cunabulis, sed in ecclesiis invidet exaltatum*. On répondit d'abord à la monition qui avait été adressée par un prélat ami du roi, que nous croyons avoir été Pierre Barbet, archevêque de Reims [3] : dans ce mémoire, qui mérite d'être reproduit, l'ordre de Cîteaux, après avoir déclaré qu'il est prêt à se soumettre à toutes les taxes qui seraient établies à raison de ses biens ou pour la défense de la patrie, repousse énergiquement les impôts extraordinaires que le siége pontifical n'a pas approuvés :

Jura, dicunt, maxima dona Dei hominibus a superna clementia sunt collata : sacerdotium videlicet et imperium. Istud praeest divinis, imperium autem humanis praesidiis. Alibi vocantur duo luminaria magna, sicut sol et luna [4], et sicut aurum est pretiosius plumbo, et sol luna nobilior, ac divina terrenis nobiliora seu digniora, sic sacerdotalis dignitas excedit regalem, et minor non habet judicare majorem nolentem et invitum. Rex ergo sacerdotes invitos et renuentes, cum suo imperio non subsint, ad subventionem compellere non habet, cum res ecclesiasticae sint mortificatae et a temporali jurisdictione exemptae et dicta subventio naviter sapiat decimae, de quibus rex se non habet intromittere. Pro hiis inducuntur jura in Autent. Collat. 1ᵉ circa pr. extra. *de major. et obed*., ; extra. de dec. *tua* ff. *de jurisdictione omnium judicum, lege : Est receptum*. Praeterea filius magis tenetur patri quam subditus principi, sicut lex dicit quod filius non tenetur patrem alimentare, si pater in bonis habeat unde possit alimentari, cum tamen alimentatorum causa sit valde favorabilis. Ergo minus tenetur subditus principi, nisi prius

---

[1] Manrique, *Ann. Cisterc.*, III, p. 512.

[2] Henriquez, *Fasciculus SS. ord. Cisterc.*, p. 31.

[3] Ce prélat ne peut avoir été ni l'archevêque de Lyon, fort attaché au pape, ni l'évêque de Châlons-sur-Saône, dont Philippe le Bel avait saisi tous les revenus au mois de décembre 1294. Tout permet de reconnaître ici l'archevêque de Reims, Pierre Barbet ou Barbette (frère ou parent d'Étienne Barbette, trésorier de Philippe le Bel?), que Baillet compare assez naïvement à Hincmar, à cause du zèle qu'il portait aux intérêts du roi.

[4] *Fecit Deus duo luminaria magna, luminare majus ut praeesset diei, et luminare minus ut praeesset nocti. Sunt duae jurisdictiones, spiritualis et temporalis*. Discours du cardinal d'Aquasparta. Dupuy, *Pr.*, p. 76.

facultatibus principis excussis : propter hoc inducatur lex ff. *de lib. agricolarum*, lege : *Si quis alimentatorum*. Praeterea viri ecclesiastici ad impositionem non sunt obligandi, quia id possumus quod commode possumus; sed si tantum onus impositum a domino rege subire tenerentur, nec incurrerent transgressionem juramenti, quia multis creditoribus tenentur religionis juramento quibus satisfacere non possent et lex dicit : *Si dominus in perjurium incidit, quia dare non valeat quod juraverat, si vassallus eum sua pecunia liberare possit et non faciat, feodum amittere debet :* et sicut vassallus tenetur domino, ita dominus vassallo. Rex ergo suos feodales saltem a vinculo juramenti, quo sunt constricti, sua pecunia liberare debet cum possit, aliter jura subjectionis amittere debet. Ad hoc inducuntur jura ff. *de consilio et ob. si nepos* xxii q. v. de for. competent, extra. *nisi*. Praeterea si ad dictam subventionem tenerentur sacerdotes et clerici, conferrentur caeteris hominibus deterioris conditionis, et sequeretur inexpugnabile vitium quod sub rege christianissimo sacerdotes durius tractarentur quam sub rege Pharaone, sub quo, omnibus servituti subjectis, soli sacerdotes et eorum bona erant libertate donati, extra. *de immunitate*... Praeterea, si talis exactio nova debeatur et posset fieri aliquo modo, nullatenus posset fieri summo pontifice inconsulto. Probatur lege quae dicit : *Si adeo tenuis sit patria quod auxilio extraordinario indigeat, praeses provinciae, diligenter audiens utilitatem communem, referet principi auctoritate cujus auxilium extraordinarium debet ordinari*, sic in rebus ecclesiasticis nova exactio statuenda non est inconsulto summo pontifice, C. *nova vectigalia institui non posse* lege prima, extra. *de immunitate ecclesiae;* cod. *adversus*, etc. Si ad talem subventionem per angariam ecclesiae teneantur, pauperes erunt desolati. Praeterea cum munera quaedam sunt sordida, quaedam honesta, ab omni sordido immunis est ecclesia. Honestorum quaedam sunt ordinaria, quaedam extraordinaria. Ad ordinaria munera ratione rerum vel patrimoniorum tenetur ecclesia. Ab istis nemo se excusat, C. *a quibus muneribus vel praestationibus nemini liceat se excusare*, lege secunda libro decimo. Alia autem personalia vocantur angaria vel parangaria, ad quae personae ecclesiasticae non tenentur nisi ad murorum vigilias, C. *de episcopis et clericis*, lege *omnis qui*... Ad extraordinaria, quaecumque sint illa, sive pertineant ad publicam utilitatem, sive pietatem vel voluntatem, non tenetur ecclesia, nisi auctoritate summi pontificis sint indicta, quia ista sunt supradicta, quae semper sunt prohibita nisi accedente principis voluntate, C. *de superindictis* lege prima libro decimo, extra. *de immunitate ecclesiarum*, L. *adversus*. Quaedam tamen munera necessitatis et pietatis excipiunt legistae ad instructionem bonorum, redemptionem captivorum, et dicunt quod ad hoc tenetur ecclesia. Haec tamen videntur immutata per capitulum xvi. q. i. Ab hiis omnibus subventio ecclesiis auctoritate regia imposita multum est aliena. Quibus rationibus et aliis, quas suppleat vestra paternitas reverenda, petimus et supplicamus nos abbates, nostro et ecclesiae nostrae nomine, quatenus supplicetis magistratibus regis, cui semper fuit magnum studium unitatem apostolicae sedis et sanctarum Dei ecclesiarum custodire, ut a tanto onere superinducto ecclesiis nostris desistat penitus et quiescat, nec nos ad id compellatis, sed totaliter desistatis, quia sine auctoritate et mandato summi pontificis, cujus sunt penitus bona nostra, monitioni et petitioni vestrae parere non possumus, nec debemus, nec etiam consentimus, imo, in quan-

SUR L'HISTOIRE DU XIIIe SIÈCLE.

tum de jure possumus, contradicimus, ne de negligentiá, perjurio et inobedientia valeamus dampnabiliter reprehendi [1].

Le chapitre de Cîteaux osait dire à l'archevêque de Reims que Philippe le Bel se montrait plus dur que Pharaon : il le répéta dans la mémorable protestation qu'il adressa à Rome.

Le pape Alexandre IV avait autrefois rendu un pompeux témoignage du zèle religieux des abbés de l'ordre de Cîteaux et de leur dévouement au siége pontifical : *Inter innumeras mundani turbinis tempestates, quas contra ecclesiam Dei et nos ipsos ferventis prosecutionis procella commovit,* disait-il dans une bulle qu'il leur adressa, *magnum nobis est praestitum, Deo providente, remedium, cum universitatis vestrae ferventissima charitas nec pericula timuit, nec adminicula denegavit. Meminimus plane et cum omnium gratiarum actione recolimus quam inviolabili firmitate fluctuantem Petri naviculam fidei vestrae anchora servavit in turbine* [2].

Les premières lignes du manifeste de l'ordre de Cîteaux, en reproduisant la fin de cette bulle, rappelaient les services qu'il avait rendus à Alexandre IV, et la reconnaissance que le saint-siége en avait exprimée.

Sanctissimo patri ac domino Bonifacio, Dei gratia, summo pontifici, abbates, abbatissae, conventus, canonici, presbyteri ac totus clerus regni Franciae [3] pedum oscula beatorum et feliciter sancti Petri naviculam in maris fluctibus gubernare.

Cum secundum apostolum omnes stabimus ante tribunal superni judicis, qui latentia producet in lucem et illuminabit abscondita tenebrarum, vitae aeternae aut dampnationis perpetuae praemium recepturi, in cujus praesentia non solum homines, sed etiam angeli trepidabunt, quod memoriae cujuslibet debet occurrere christiani, multi tamen principes, hujus mundi dilectores, praedicti judicii memores non existunt, rebus mundanis nimium inhaerentes; quod patenter apparet, cum ipsi non solum personis secularibus quibus praesunt, sed etiam ecclesiis et ecclesiasticis personis, quas defendere totis viribus et non regere interest laycorum, cum eis super hiis nulla sit attributa facultas nec auctoritas imperandi, tot gravamina et onera imponunt, quod deterioris conditionis

[1] MS. des Dunes, n° 278.
[2] Henriquez, *Fasciculus SS. ord. Cisterc.*, p. 12.
[3] Il faut remarquer l'omission complète de toute mention des évêques. Leur absence et leur silence expliquent pourquoi les chanoines, les prêtres et tout le clergé *(canonici, presbyteri ac totus clerus)* présentèrent leurs réclamations sous la protection de l'ordre de Cîteaux.

factum sub eis sacerdotium videatur quam sub Pharaone fuerit, qui legis divinae notitiam non habebat : ille quidem, omnibus aliis servituti subactis, sacerdotes et possessiones eorum in pristina libertate dimisit ac eis de publico alimoniam ministravit; moderni vero principes onera sua fere imponunt ecclesiis universa, et tot angariis clericos affligunt ut eis quod Jheremias deplorat competere videatur : *Princeps provinciarum facta est sub tributo;* sive quidem decimas seu alia quaelibet sibi attrahentes de bonis ecclesiarum, clericorum et pauperum, Christi usibus deputatis, jurisdictionem etiam et auctoritatem eorum taliter evacuantes ut eis videatur nihil potestatis super ecclesiis vel personis ecclesiasticis remansisse, quod de jure facere non deberent, ubi laycorum etiam non suppetunt facultates, cum ipsi humiliter et devote recipere debeant cum gratiarum actione, quae eis pro communi utilitate de bonis ecclesiae conferuntur, prius tamen interveniente romani pontificis consilio, cujus interest communibus utilitatibus providere, quod minime faciunt, sed quod eis per potestatem concessum est, in cleri injuriam ac in pauperum penuriam faciunt redundare. Et cum multi consules principum, tam clerici quam alii, propriae prudentiae innitentes et humanam amittere gratiam formidantes, eis recta loqui libere pertimescunt, qui quoque similitudinem quamdam potius quam veritatem discernunt, magis utilia reticentes, cum similitudinarium sit expressivum veritatis, et quasi sicera inebriati et uvam acerbam comedentes, minus cauta discretione exponunt illud quod dantur omnia servitio principis et ei omnes obediant subditi et clerici, et qui principi non obedierit morte moriatur, sensum alienum extrinsecus et extraneum requirentes, non considerando quod tanta inter reges et pontifices quanta inter solem et lunam distantia cognoscatur, et constitutiones principum constitutionibus ecclesiasticis non praeeminent, et imperiali judicio non possunt jura ecclesiastica dissolvi, cum ipsi non solum personas ecclesiasticas seculares sed etiam Domino Deo dedicatas, in vinea Domini Sabaoth laborantes, decimis ac aliis diversis exactionibus nunc affligunt, bona Crucifixi pauperibus et Domino servientibus deputata suis usibus applicantes, ita ut bona ecclesiae victui Domino servientium non valeant providere, cum denario fraudari non debeant in vinea Domini operantes, postpositis etiam eleemosynis pauperibus erogandis, cum non debeant officere qui hujus iniquitatis participes non existunt, et quia praedicti consules pseudoprophetae dici possunt, cum scripturarum verba aliter accipiunt et exponunt, quam sacra scriptura sonat, qui conjectura mentis suae cuncta futurorum quasi vera pronuntiant absque divinorum verborum auctoritate, illa consideratione non servata ut in hiis quae dubia fuerint aut obscura, id noverint exequendum quod nec evangelicis praeceptis contrarium, nec decretis sanctorum patrum invenietur adversum, et cum tales qui praeeunt propter favorem principum excaecati fuerint et aliis ducatum praestare coeperint, ambo in foveam dilabuntur[1], unde psalmus : *Obscurentur oculi eorum ne videant,* etc., *dorsum eorum semper incurva,* etc., et quia, pater sanctissime, nullus pro justitia hodie martirizari desideratur, sed potius labore

---

[1] Peut-être y a-t-il ici quelque allusion à Pierre Flotte, qui était borgne : *semividens corpore, menteque totaliter excaecatus,* dit Boniface VIII dans la bulle : *Verba delirantis filiae.*

postposita triumphari, cum tutius sit in tempore occurrere quam post carnem vulneratam remedium quaerere. Hinc est quod sanctitati vestrae, de qua id quod sumus et erimus cognoscere volumus, supplicamus, cum omni affectione qua possumus et desiderio puri cordis, quatenus huic morbo pestifero vestrae gratiae ac potestatis subsidia porrigatis, sine quibus status diu stare non poterit clericalis, qui nunc per mundum titubando graditur universum, cum nullus audeat pro defensione ecclesiae voce libera hujus mundi potestatibus contraire, licet pastoribus recta timuisse dicere nihil aliud est quam terga tacite praebuisse ac pugnam pro domo Israël in praelio Domini evitasse, quos Dominus increpat per Isaiam : *Canes muti non valentes latrare.* Vivat ac valeat vestra sanctitas reverenda, nobis et Christi pauperibus in praedictis aliquod remedium salubre conferendo cum libent Domino prospera, qui ab afflictis pellit adversa, ut sub ala vestrae protectionis possimus, ut cupimus, respirare, ac umbram sentiamus gratitudinis et quietis, ut in pace viventes pacis auctorem laudemus, una voce dicentes : *Gloria in excelsis*, etc., qui per suam gratiam manum porrigit lapsis, indigentes fovet et afflictos moestitia consolatur [1].

Un ancien religieux de l'ordre de Cîteaux, le cardinal Simon de Beaulieu, évêque de Palestrine, remplissait alors en France les fonctions de légat du pape. Il requit, en vertu des pouvoirs dont il était investi, les archevêques de Reims, de Sens et de Rouen de convoquer un concile à Paris, le 22 juin 1296.

Les archevêques de Reims, de Sens et de Rouen n'osèrent pas, quel que fût leur zèle pour la cause du roi, désobéir à un ordre aussi solennel que s'il fût émané du pape lui-même, et ils reproduisirent dans les lettres de convocation du concile les paroles non moins tristes qu'amères que Simon de Beaulieu avait insérées dans ses propres lettres [2]. Cependant, l'influence des trois primats de la France septentrionale s'exerça sur les

---

[1] MS. des Dunes, n° 448. Je lis dans les statuts de Cîteaux de 1296, publiés par Dom Martène et Dom Durand : *De subventione facienda domino et reverendo patri Roberto cardinali nostro* (Robert, ancien abbé de Cîteaux) *et de expensis faciendis pro libertatibus ordinis defendendis et quibusdam negotiis ordinis faciendis, et de mittendo ad curiam romanam, domino Cisterciensi et quatuor primis abbatibus committit capitulum generale in plenaria ordinis potestate;* et plus loin : *quoniam propter revelationem secretorum ordinis temporibus retractis multa noscuntur incommoda personis ordinis evenisse, et quia in linguae manibus mors et vita, definitionem olim editam de non revelandis secretis ordinis renovat capitulum generale, hoc addendo quod quaecumque personae ordinis ipsius ordinis secreta quibuscumque ordini non subjectis, cujuscumque dignitatis existant, revelaverint, ipso facto ab officio depositas excommunicat capitulum generale.* Thes. anecd., IV, col., 1491 et 1492.
[2] Martène, *Thes. anecd.*, IV, col. 221.

évêques dont la plupart étaient leurs suffragants. Les députés qui furent choisis dans l'assemblée qu'ils présidaient, pour porter à Rome les plaintes du clergé, étaient les évêques de Nevers et de Béziers, qui soutenaient avec le même zèle les intérêts du roi, et une lettre écrite dans le diocèse de Bourges, qui avait alors pour archevêque le célèbre Gilles Colonna, l'auteur du traité *De Regimine principis* [1], nous apprend que le 28 août les deux prélats n'avaient pas quitté la France [2].

Avant que les évêques de Nevers et de Béziers fussent arrivés à Rome, Boniface VIII, qui occupait depuis un an le siége pontifical [3], fit droit aux plaintes de l'ordre de Cîteaux, en frappant d'interdit l'archevêque de Reims [4], et en publiant, le 18 août 1296, la célèbre bulle : *Clericis laicos*, que nous trouvons reproduite dans le livre des priviléges de l'ordre de Cîteaux [5]. On sait que Boniface VIII y prononçait l'excommunication des clercs qui payeraient les dîmes sans l'assentiment préalable du pape, et la bulle *Clericis laicos* fut confirmée par la bulle : *Ineffabilis amoris*, où Boniface VIII reprochait au roi de France d'avoir perdu un bien précieux, c'est-à-dire l'amour de ses sujets [6], et annonçait qu'il était prêt à souffrir

---

[1] La lettre de Simon de Beaulieu que j'ai mentionnée plus haut est adressée à l'archevêque de Bourges, et ceci explique pourquoi Philippe le Bel devint hostile à Gilles Colonna, qui avait, dit-on, écrit pour lui son livre *De regimine principis*. Voyez Dupuy, *Pr.*, p. 64.

[2] C'est, sans doute, par la présence du cardinal Simon de Beaulieu au concile de Paris, ou par la crainte que les archevêques de Reims, de Sens et de Rouen éprouvaient d'offenser le pape, qu'il faut expliquer les protestations contenues dans la lettre du 28 août : *Pungitivae compassionis oculo vigilantius intuentes dolores et onera, planctus, fremitum scandalorum, quos, proh! dolor, his diebus miserabiliter pati dinoscitur ecclesia gallicana, inaudita varietate gravaminum et persecutionis acerbitate multiplicis vulnerosius anxiata*, etc. Il est important de remarquer que cette lettre mentionne l'acte spécial d'appel adressé à Boniface VIII par l'ordre de Cîteaux : *Cisterciensibus ad haec pro se nuntios destinantibus speciales*. Martène, *Thes. anecd.*, IV, col. 223.

[3] Le 25 mars 1295 (v. st.) Boniface VIII avait écrit à l'empereur pour le prier d'admettre l'hommage de Gui de Dampierre par procureur, vu qu'il se trouvait retenu dans ses États : *Propter gravia guerrarum discrimina et inimicitiarum pericula, ac etiam ob alias rationabiles causas*. (Archives de Belgique.)

[4] *Gallia christiana*, IX, col. 120.

[5] Henriquez, *Priv. ord. Cisterc.*, p. 84; Dupuy, *Preuves de l'hist. du différend de Boniface VIII et de Philippe le Bel*, p. 14.

[6] *Nec parum amisisse censetur qui corda perdidit subditorum.*

SUR L'HISTOIRE DU XIIIe SIÈCLE.

les persécutions, l'exil et même la mort pour la liberté de l'Église [1].

La réponse de Philippe le Bel commençait par ces mots : *Antequam essent clerici, rex Franciae habebat custodiam regni sui* [2], et ce qui suivait était digne de la violence de cet exorde : *Dare histrionibus et neglectis pauperibus expensas facere superfluas in robis, equitativis, comitativis, commessationibus et aliis pompis secularibus permittitur eisdem, imo conceditur ad perniciosae imitationis exemplum. Quis judicaret licitum sub anathemate cohibere ne clerici, ex devotione principum incrassati, impinguati et dilatati, eisdem principibus assistant?* L'ordre de Cîteaux, à qui semble se rapporter cette véhémente attaque, aurait pu rappeler que lorsque des famines cruelles désolèrent la France, les pauvres, loin d'être abandonnés, avaient dû la vie aux généreuses aumônes des abbayes cisterciennes [3].

Du reste, Philippe le Bel ne se reposait pas uniquement sur ces diatribes. Ses intrigues étaient allées réveiller les discordes assoupies de l'Italie, et à quelques jours de distance, l'on vit Frédéric d'Aragon expulser les légats du pape de la Sicile, et les Colonna avouer hautement le projet de chasser le pape lui-même de Rome.

Si Boniface VIII avait jadis appelé de ses vœux ambitieux le jour où la tiare passa du front de Célestin V sur le sien [4], il expia sévèrement des fautes antérieures à son pontificat par toutes les épreuves qu'il dut subir pour le conserver. L'inquiétude et la crainte s'étaient emparées de cette

---

[1] *Non solum persecutiones et exilia sed et corporalem mortem pro libertate ecclesiastica.* Dupuy, *Pr.*, p. 19.

[2] Dupuy, *Pr.*, p. 21. Comparez ce qui est dit, dans la *Supplication du pueuble de France au roy* : Ainsi départirent les fils d'Adam la terre et en furent seigneurs trois mille ans et plus, avant le temps Melchisédec, qui fut le premier prestre, etc. Dupuy, *Pr.*, p. 215.

[3] *Bonis suis quae cum pauperibus habebant communia, multorum millium inopiam sublevantes.* Manrique, *Ann. ord. cist. ad ann.* 1176. Il n'est pas douteux que quelques abbés de l'ordre de Cîteaux ne se soient laissé séduire par le faste et l'orgueil. Un mot de Richard Cœur-de-Lion est resté célèbre : peut-être s'appliquait-il à l'abbé dont parlent les statuts du chapitre général de 1215 : *Abbas Belli-loci in Anglia coram tribus comitibus et quadraginta militibus inordinate se habuit in mensa, hilariter bibendo ad Gargocil(?), et habet canem cum catena argentea ad custodiendum lectum suum, et adducit secum servientes seculares in equis, qui ei flexis genibus ministrant*, etc. Mais ces abus étaient sévèrement réprimés, et le chapitre général de 1289 avait renouvelé les anciennes prohibitions, *quia pauperes et humiles servos Dei non decet apparatu superfluo colorari.*

[4] Raynaldi, *Ann. eccl.*, passim.

âme naguère si fière : un langage faible et incertain, dicté par la politique, avait succédé à des protestations qu'une foi intrépide rendait si éloquentes. Il faut le dire tristement : Boniface VIII était réduit, pour ne pas voir son autorité renversée en Italie, à l'abaisser et à l'humilier en France [1], et dans cette réconciliation avec Philippe le Bel, conclue comme une nécessité, les médiateurs qu'il acceptait étaient précisément ces évêques que l'acte d'appel de l'ordre de Cîteaux appelait : *Clerici, consules principum, humanam amittere gratiam formidantes*, et qu'il avait flétris à son tour en les nommant dans la bulle *Clericis, laicos : nonnulli praelati plus timentes majestatem temporalem offendere quam aeternam.*

Vingt-trois prélats dévoués à Philippe le Bel (le premier était l'archevêque de Reims, qui venait de reprendre possession de son siége; les autres étaient les archevêques de Sens, de Narbonne, de Rouen, les évêques de Beauvais, de Laon, de Châlons-sur-Marne, de Langres, d'Amiens, de Tournay, de Térouane, de Senlis, d'Auxerre, de Troyes, de Chartres, de Nevers, d'Avranches, d'Évreux, de Lisieux, de Coutances, de Dol et du Mans) avaient écrit au pape pour lui faire connaître qu'ils étaient tenus la plupart par l'hommage, et presque tous par serment, de défendre l'honneur du roi [2]. Ils avaient choisi entre eux des députés chargés de lui exposer qu'ils voyaient le roi obligé par le soin de son honneur et la conservation de son royaume à de grandes dépenses, et qu'ils désiraient lui venir en aide en lui accordant une subvention. Boniface VIII s'empressa d'y consentir par la bulle : *Coram illo fatemur,* où il se plaignait vivement de la défection du comte de Flandre [3], et où il offrait pour la défense des droits du roi de France les biens de l'Église et sa propre personne [4]. Une autre

---

[1] Voyez l'*Histoire de la papauté pendant le XIVe siècle*, par M. l'abbé Christophe, I, p. 97.

[2] *Quidam per homagium, fere omnes juramento fidelitatis.* Dupuy, *Pr.*, p. 26.

[3] *Illo jam imminente illic incitamento dissidii, comite Flandrensi videlicet, qui exterioribus perturbationibus sperabatur repagulum, et ipsi regno, velut de principalioribus membris unus, magnum auxilii fulcimentum, nostra ex hoc amaricantur intrinseca,* etc.

[4] *Quinimo ecclesiae Romanae res, posse ac bona ac personam nostram exponeremus pro suorum conservatione jurium* (28 février 1296, v. s.). Baillet, *Hist. des démêlés de Boniface VIII et de Philippe le Bel*, Pr., p. 326; MS. des Dunes, n° 913. Raynaldi ajoute : *Aliis litteris egregium praesulum in juvando rege studium commendavit,* 1297. 45.

bulle, la bulle : *Romana mater,* adressée à Philippe le Bel, lui annonçait que rien ne s'opposait à ce que le clergé lui accordât librement un subside [1]. Le subside étant permis, on comprend aisément qu'il fut offert et accepté, et, de son côté, Philippe ne défendit plus d'envoyer à Rome l'argent recueilli en France pour l'entretien de la chambre apostolique, argent dont Boniface VIII avait grand besoin [2].

Dès ce moment, la réconciliation du pape et du roi de France est complète.

Le 15 mai 1297, Boniface VIII permet aux évêques dont nous avons déjà cité les noms de lever, au profit du roi, aux fêtes de la Pentecôte et à la Saint-Remy, une double dîme de tous les revenus ecclésiastiques, *auctoritate ecclesiae, non invocata potentia bracchii secularis,* et voici quel est le préambule de cette bulle que nous croyons inédite :

Pridem ad nostram notitiam pervenit, vestris referentibus litteris, quas nobis communiter destinastis, quod, nephanda hostis antiqui procurante nequitia, qui quaerit ut noceat, semper circuit ut offendat, christianissimi regis Francorum status turbationis multiplicis jactabatur fluctibus et intestini criminis gravi turbine quassabatur, tanto nos arctius concepti doloris proinde aculeus pupugit, majorque turbatio nostri pectoris archana commovit, quanto regnum ipsum specialius gerimus in visceribus caritatis, et potiori desiderio ducimur ut illud prosperis successibus affluat et votivis eventibus fulciatur [3].

Le pape permettait l'emploi des censures ecclésiastiques pour contraindre au payement de cette dîme, et elle fut, en effet, exigée dans le diocèse de Tournay *sub poena suspensionis et excommunicationis* [4].

Boniface VIII va plus loin encore, le 31 juillet 1297, dans la bulle : *Etsi de statu regni,* où il déclare que rien ne s'oppose à ce que le roi de France réclame des subsides ecclésiastiques sans l'assentiment préalable du pape, s'il s'agit de la défense du royaume : *quin rex possit a praelatis et personis*

---

[1] *Quod si..., te ipsa constitutio non astringat* (7 février 1296, v. s.). Baillet, *Pr.*, p. 323.
[2] *Ad habendam pecuniam nostram pro causa praedicta.* Raynaldi, 1297, 48; Baillet, p. 56. La lettre adressée, à ce sujet, par le pape à Philippe le Bel, porte la même date que la bulle : *Romana mater.* Raynaldi, 1297, 46.
[3] MS. des Dunes, n° 911.
[4] Idem.

ecclesiasticis petere subsidium vel contributionem, inconsulto romano pontifice, non obstantibus constitutione praedicta seu quolibet privilegio [1]; et une bulle spéciale désigne l'archevêque de Rouen, l'évêque d'Auxerre et l'abbé de Saint-Denis comme exécuteurs de la dîme, en permettant cette fois l'intervention de l'autorité séculière contre les prélats et les personnes ecclésiastiques qui ne se soumettraient point : *quatenus praelatos et ecclesiasticas personas ad hujusmodi subsidium exhibendum auctoritate nostra, spiritualiter et temporaliter, prout utilius expedire videritis, appellatione postposita, compellatis, invocato ad hoc, si opus fuerit, auxilio bracchii secularis* [2].

Enfin, le 9 août 1297, une bulle qui commençait par ces mots : *Meruit sincera devotio quam karissimus filius noster Philippus rex Francorum illustris erga romanam ecclesiam gerit*, accorda au roi de France une année du revenu de tous les bénéfices vacants [3].

Philippe le Bel reconnut ces importantes concessions de Boniface VIII, non-seulement en abandonnant à ses propres forces la faction des Colonna, mais aussi en permettant qu'on ajoutât aux dîmes prélevées pour lui, une dîme réservée au pape, afin de l'aider dans sa guerre contre Frédéric d'Aragon.

Un document important de cette époque a été conservé dans le manuscrit des Dunes : c'est un appel adressé par le doyen et le chapitre de Tournay, afin que la générosité des fidèles soutienne les efforts du pape pour pacifier l'Italie. Un Colonna, Matthieu, prévôt de Saint-Omer, était l'un des chefs de cette croisade dirigée contre sa famille [4] :

G. decanus et capitulum ecclesiae Tornacensis universis et singulis abbatibus, abbatissis, prioribus, priorissis, praepositis, decanis, etc., salutem in Domino sempiternam.

Piscatoris navicula, suo exordio semper pacifica, Christi sanguine rubricata, mare navigans, procellis variis ventorum agitata, nunc fluctuat, sicut hactenus dampnatae memoriae Frederici quondam imperatoris temporibus fluctuavit, quae nusquam defecit,

---

[1] Dupuy, *Preuves*, p. 40; MS. des Dunes, n° 60.
[2] MS. des Dunes, n° 61.
[3] MS. des Dunes, n°s 514 et 910. Voyez ma notice sur ce manuscrit, p. 24, t. XXV des *Mém. de l'Académie*.
[4] Raynaldi, 1297, 41.

testante veritate quae ait : Ego pro te rogavi, Petre, ut non deficiat fides tua... Fidelium quemque latere non credimus qualiter Fredericus, natus regis Arragonum, furtivae dominationis invidia, ex qua mundi tota duobus fratribus non sufficit latitudo, dampnatae Ceciliae gentis, in qua vetustae caecitatis remansit infamia, inflatus astutia, seu ultro excessum quaerens et visum in luce perdens, insulam Ceciliae, quae est sanctae romanae ecclesiae specialis, viginti jam annis elapsis, armata manu, proditionis nota non carens, invasit hostiliter, et invasam, saeviente malitia, praviora quaerens consilia, in apostolicae sedis et illustris regis Ceciliae praejudicium, adhuc detinet occupatam, qui, licet ab eo qui salutem omnium incessanter zelatur, ipsius errata corrigere nonnunquam blandis, quoque duris, quoque monitis, paterno saepedictum Fredericum fuerit interpellatus affectu, ipse tamen, velut aspis surda obturans aures suas, non exaudit monita, non movetur blandis, non terretur acerbis, ut verificetur in eo illud propheticum : *Peccator cum venerit in profundum malorum*, contempnit. Audiat quoque gens electa, gens Deo dedicata, quanta et innumerabilis christianorum strages cum corona martirii, refricatis guerris, diem propter ea clausit extremum, ad quorum et futurorum regimen et cautelam sanctissimus pater noster Bonifacius thesaurum substantiamque romanae ecclesiae in tribulationibus et diversis guerris, nunc per montes et maria, plerumque per littora invia et devia, sic exhausit, ut de sumptuoso exercitu quem erga scismaticos et exules Columpnenses, perditionis filios, seditionis rectores, romanae sedis alumpnos venenosos, serpentes genimina viperarum, ingratissimos viros indixit, subtaccamus, ad praesens pro celeri et pleno subsidio ad perfectionem indiget inceptorum, qui, licet ex plenitudine potestatis decimas ubique ecclesiarum imponere quantas et quotas valeat, quia tamen, cum gratiose aguntur, gratiosius acceptantur, monemus vos, etc. [1].

Nous savons qu'aux fêtes de l'Assomption 1298, l'ordre de Cîteaux paya une nouvelle dîme [2], et une lettre écrite à Compiègne, le 25 février 1299 (v. st.), par Jean de Sancy, abbé de Clairvaux, annonce la levée de deux autres dîmes, en joignant au récit des menaces du roi les plaintes les plus vives sur la triste situation de l'ordre de Cîteaux :

Venerabilibus et in Christo karissimis coabbatibus suis J. abbas Claraevallis, salutem et cum consolatione Sancti Spiritus septiferi, fructum obedientiae salutarem.
Crebre profunda traximus et adhuc trahimus suspiria cum anxio gemitu cordis, videntes diebus nostris ordinem nostrum propter guerras, subventiones, contributiones et decimas intolerabiles, nisi subveniat divina potentia, subjici servituti. Vos siquidem

[1] MS. des Dunes, n° 246.
[2] MS. des Dunes, n° 568. Les statuts du chapitre général de 1298 mentionnent de nouveau les dépenses qui ont été faites *pro libertatibus ordinis defendendis*.

latere non credimus qualiter et sub qua forma verborum vocati fuerint et citati per litteras regis Franciae apud Parisius, in octavis nuper praeteritae Purificationis B. Mariae, praelati, abbates, exempti et non exempti, capitula et collegia dicti regni, ad praestandum propter guerram Flandriae subsidium dicto regi. Verum reverendo patri in Christo, karissimo domino Cysterciensi, et quatuor primis abbatibus et quibusdam aliis abbatibus, ibidem dicta die existentibus, coram domino rege expositum fuit periculum et eminens necessitas dicti regni, ac etiam a dicto rege fuimus cum magna instantia requisiti, *quamquam posset, si vellet, virtute regia et privilegialiter fecisse quod forte nobis fuisset intolerabile et dampnosum*. Unde nos, consideratis his omnibus et tractatu diligenter habito, factum sequentes praelatorum non sine cordis angustia, domino Philippo regi concessimus duas decimas duobus annis continuis persolvendas, pro nobis et pro universo nostro ordine Cisterciensi in regno Franciae constituto. De reverendi in Christo patris domini Cisterciensis et primorum ac plurimorum aliorum abbatum consilio et assensu, auctoritate paterna, in generali capitulo praedicto patri et nobis primis commissa, in talibus arduis negotiis, in quibus non possit dictum capitulum expectari, sub poena exponendi bona vestra manibus regalium compellentium ad solvendum, et contrahendi vestris sumptibus ad sarcinam usurarum et sub poena transgressionis et inobedientiae, praecipiendo mandamus, etc.[1].

Tel était le degré d'affliction dans lequel se trouvait cet ordre naguère si puissant et si illustre, mais déjà réduit à ne plus espérer d'autre protection que celle de Dieu.

Le comte de Flandre voit également la main de Philippe le Bel s'appesantir sur lui. En vain s'est-il prêté complaisamment aux exactions royales : la saisie du comté de Flandre est prononcée à deux reprises, et Gui lui-même, invoquant le texte formel des Établissements de saint

---

[1] MS. des Dunes, n° 926. Une lettre adressée peu de jours après à Boniface VIII, par l'abbé de Saint-Germain des Prés, offre les mêmes plaintes :

Sanctissimo in Christo patri ac domino suo B. divina providentia sacrosanctae romanae ecclesiae universali et summo pontifici : J. ejus creatura devota, monasterii sancti Germanis de Pratis Parisiensis abbas, et totus ejusdem loci conventus, cum sui recommendatione, se ipsos ad pedum oscula beatorum. Infirmi et graviter languidi semper sitiunt sanitatem... Quamobrem ad scabellum pedum sanctitatis vestrae currentes, infirmitates et dolores nostros exponimus, quibus jam gravati et fessi immense, quasi sincopizati, timemus ne amplius resurgere valeamus : videlicet quod nostrum monasterium debitis est graviter obligatum, propter expensas quas me abbatem in romana curia facere decuit et eas quas domino regi Francorum pro regni subsidio ministrare oportuit, necnon et usurarum voraginem quae nos rodunt, sicut et mala et dolorosa mutatio monetarum ; et creditores nostri nos fastidiunt et infestant, et de die in diem persequuntur, etc.

(1ᵉʳ mars 1299, v. st. Archives de Bourgogne à Dijon, document communiqué par M. Guignard).

SUR L'HISTOIRE DU XIIIe SIÈCLE.

Louis [1], se déclare délié du serment d'hommage, parce que le roi lui refuse le jugement de ses pairs, en l'accablant « d'injures, de duretez et » d'oppressions [2]. »

Au moment où les abbés de Floreffe et de Gemblours portaient à Paris le défi de Gui de Dampierre, le sire de Blanmont et le sire de Cuyk se rendaient à Londres pour hâter la conclusion d'une alliance étroite entre le roi d'Angleterre et le comte de Flandre.

Voici quelle était la teneur des instructions qui leur avaient été données :

Che sunt les paroles ke on doit dire au roy d'Engleterre, u à ses gens, de par le conte de Flandres.

Au commencement, on doit dire ensi : Sire, on désire ke vous sachiés ke messires de Flandres et medame de Flandres et tout li enfant de Flandres, et tout chil ki les aiment, ki le cuer k'il ont à vous ont conneu et connoiscent, vos ont moulte bon cuer portei toute cheste wière, et l'ont monstrei par oevre, si avant ke par loialtei l'ont peu faire. Sire, voirs est ke li rois de Franche a moulte pressei et moulte de injures fait à monsigneur de Flandres, et moulte plus, puis ke les convenenches de monsigneur Édoard, vostre fil, et de medemiselle Philippe furent faites, ke devant, et pour ce ausi ke mesire de Flandres ne vot mie faire en vous grevans ce ke li rois de France li faisoit mettre avant, et k'il li faisoit requerre, et li cuens s'est adès moult débonairement et moulte humlement portés enviers le roy, en requérant adès k'il fust maintenus en raison et en droit. Bien est voirs ke li dus de Braibant, ki niés est à monsigneur de Flandres, et li cuens de Bar, ki cousins germains est à medame de Flandres, et ki sunt, sire, loyet

Quelle ne devait pas être la position des autres monastères, si l'abbaye royale de Saint-Germain, fondée par Childebert, était réduite à tenir ce langage? Godefroi de Paris dit dans sa chronique :

> *Je ne voi au jor d'hui yglise*
> *Qui ne soit à ceste fin mise ;*
> *Qui primier n'ait paié diziesme,*
> *Double diziesme et cinquantiesme :*
> . . . .
> *Celz qui le prennent, n'en font*
> *Vers sainte yglise leur devoir.*

[1] Établissements, 49 et II, 27. On sait que Ducange, en publiant les Établissements de saint Louis, remplaça le mot : *roy*, par celui de *chief seigneur*, dans le chapitre qui permet au vassal, en cas de défaut de droit, *de semondre son home pour aller guerroier le roy*. Il faut ajouter que saint Louis avait juré, en montant sur le trône, qu'à l'avenir le roi ne prononcerait plus la confiscation des grands fiefs sans le jugement des pairs.

[2] Lettre du comte de Flandre à Philippe le Bel, 9 janvier 1296 (v. st.), archives de Paris. J'ai publié cet important document dans mon *Histoire de Flandre*, 1re édit., t. II, p. 559.

à vous, et pluiseur autre gent ki vos aiment et ki aiment ausi monsigneur de Flandres, ont mis avant à monsigneur de Flandres de piechà k'il rewardast à son afaire, et k'il s'aidast et confortast, et se mesist encontre le roy de Franche avoeques vous. Et pour che ke bien savoient et bien sèvent ke messires de Flandres pooir n'a de lui et se terre mettre encontre le roy de Franche, pour les mises ke mettre convient, bien disent adès et affermèrent moulte aciertes ke, se faire le voloit, k'il aroit de vous che k'il vorroit. Aucun reportoient nombre d'argent, et aucun parolle moulte grande, sans mettre nombre d'argent, sire, et aucun de ki à vous sunt, disoient à aucunes gens ki sunt à monsigneur de Flandres ke, se li cuens le voloit faire, k'il aroit de vous che k'il vorroit d'argent, et mariages ausi pour ses enfans. Sire, toutes si faites paroles et moulte d'autres furent reportées à monsigneur de Flandres. Sire, il ki teus est, comme vous bien le connoisciés, loials et prudom, convient k'il vos amast de bon cuer, pour warder se loialté en tous poins, ne volt onques rendre response certaine, juskes adont k'il eust le roy de Franche trouvei en défaute parfaitement envers lui et summei de tout, et del roy sommer se travella-il; car les injures ke li rois de Franche li soloit faire, il les contrestoit plus asprement k'il ne soloit, en requérant ke drois et raisons li fuscent fait, sans faire parler par moyen, ne par moyène, en espéranche ke, s'on li eust fait droit et raison, k'il le presist, et s'on ne li fesist, k'il se peust aherdre à chou ki dit li estoit, sire, de par vous, laquèle choze il cuidoit trouver moulte preste, quant la chose à ce se donroit, selonc che ke on li avoit dit. Sire, ore est ensi avenu ke li cuens de Flandres a tout summei le roy de Franche et mis parfaitement en défaute : par quoy clerc de droit et de divinitei ont dit et dient ke li roys de Franche a tant meffait envers le conte, ke li cuens est desloyés de homage, de serviche, de féauté et de toute redevanche k'il li devoit u pooit devoir. Et quant li cuens eut chou ataint de savoir, à vos gens il envoia por eaus certefyer de se response sour che dont autre fie il avoit estet de par vous aparleis, et k'aucun de ses gens lui avoient ausi raportei de vos gens. Sire, demandes fist li cuens de Flandres telles, en oquoyson des alliances par lesquelles il peust soustenir mius l'emprinse encontre le roy, lesquèles demandes ne furent mie ensi oys, comme on se fioit par les paroles ke on avoit oyes devant. Nequedent vos gens parlèrent moult courtoisement, et disent k'il n'avoient autre pooir, et ke vous, s'on voloit tant atendre, feriés plus courtoisement k'il n'avoient pooir de faire, ne ke faire n'oseroient. Et li cuens de Flandres, sire, ki devant che ke vos gens veniscent à Cambray un peu de tans, avoit le signeur de Blanmont et le signeur de Kuc esli et ordeneis à venir à vous de par lui, et mis à voie s'estoient, mais parvenir n'i peurent mie, par l'empécchement dou tans, et ki ausi rewardoit k'il avoit tant fait et tant contrescivé contre le roy de Franche, puis ke dit li fu ke desloyés en estoit, ke plus atendre ne voloit, s'assenti en chou ke vos gens faire li voloient, sauve che k'il se mist adès dou sourplus, en le franchize de vostre conniscance en lequèle il se fie sour toutes riens. Et pour parfaire, sire, toutes les besognes et metre en certainitei de chou ke fait est par vos gens, et ke vous férés par vo grasse, dont on se fie bien tant et plus ke de che ke fait est, li cuens de Flandres a envoyet à vous le signeur de Blanmont et le signeur de Cuk et son recheveur de Flandres, soufisantment warnis de par lui, liquel vos requièrent pour Diu k'il soient hastéement èt tost délivrei, car il est grans besoins k'il soient tost délivrei, car, sire, savoir deveis ke li cuens de Flandres, quant il envoia chi à vous, envoia d'autre part au roi de Franche dire et nuncher de par lui par deus abbeis, ch'est à savoir l'abbei de Floreffe et l'abbei de Jemblos, ke li cuens de Flandres estoit desloyés à lui par ses mesmes défautes, et chel nunchement fait, ki orendroit est fait, li cuens de Flandres ostera de tout sen pays, et par terre et par mer, tous cheaus ki de par le roy i sunt, et ensi sera guerre commenchié, et ne cuidens mie si tost venir en Flandres ke le viert commenchie [1].

Un traité fut, en effet, signé peu de jours après dans la chapelle de Notre-Dame de Walsingham. Édouard Ier y annonçait qu'il soutiendrait Gui de ses trésors et de ses armées, et s'engageait à ne jamais traiter sans lui : promesse solennelle qu'Édouard refusa toutefois de confirmer par son serment, attendu, disait-il, « ke de usage avons k'en propre personne ne » jurons mie [2] ».

Enfin, le 25 janvier 1296 (v. st.), le comte de Flandre fit lire, dans l'église de St-Donat de Bruges, un acte solennel d'appel au pape, où se trouvaient reproduits tous ses griefs contre le roi de France :

Cum vir nobilis, Guido comes Flandriae, more progenitorum et antecessorum suorum Flandriae comitum, ratione comitatus Flandriae, pro parte de regno Franciae existentis, unus de paribus regni existeret, et eumdem comitatum a rege Franciae in feodum teneret, idem comes pro eodem feodo regi Franciae Philippo qui nunc est, fidelitatem fecit et homagium, prout alias clarae memoriae Ludovico et Philippo, progenitoribus ipsius regis, fecerat, et ipse rex ad fidelitatem et homagium eumdem comitem in sua fide recepit. Deinde idem rex pro suae voluntatis arbitrio, et excluso prorsus rationis judicio, licet eumdem comitem sibi, prout debuit, jure fidelitatis et homagii tanquam domino et regi obedientem adversus quoscumque, in jure suo, et maxime in hiis quae pertinebant ad feodum, defendere deberet et regere, impugnavit cum, et jura ipsius comitis ad ipsum ratione ipsius feodi et aliorum pertinentia occupavit, et contra statum et honorem ipsius comitis machinatus est, et in jure eidem faciendo defecit, et expresse sibi jus facere recusavit, et dampna plurima ei dedit, et corpori suo violentiam intulit, et cum inimicis comitis in laesionem ipsius confoederationem fecit, et cum aliquibus subditis comitis de terra sua de confoederatione adversus comitem tractavit, et ipsos visus est seducere, et eos adversus comitem dominum suum commonivit, et sollicitavit eos super hiis per se et suos. Conventiones etiam de modo tractandi ipsum comitem per jus et pares suos, de hiis quae rex ei debet facere, et comes versa vice regi, ab olim inter reges et comites, eorum

---
[1] Archives du royaume de Belgique.
[2] Déclaration du 2 février 1296 (v. st.), Archives de Rupelmonde.

praedecessores habitas, et de regibus in reges et comitibus in comites successivis temporibus, et per ipsum regem qui nunc est et eumdem comitem renovatas et jurejurando firmatas, violavit et fregit, et fide per eumdem rupta, ipse rex in praemissis, non solum semel sed etiam pluries, quasi infinitis vicibus, et in aliis quasi innumerabilibus, eumdem comitem prosecutus est, multiplicatis contra Deum et justitiam gravaminibus, incessanter, cumque ipse comes frequentissime supplicaret regi quod jus ei faceret, et ab hujusmodi injuriis abstineret, nunquam ab eo exaudiri potuit, et cum per pares suos peteret jus sibi fieri, quod de jure et de consuetudine et per conventiones praedictas facere debebat eidem, ipse rex, se per hoc offensum reputans, indignationis aculeos committit in ipsum, et quanto humilius ipse comes, propter Deum et justitiam et honorem suum conservandum, et pacem quam semper desiderabat cum rege habendam, et ejus acquirendam benevolentiam et gratiam, obedivit eidem, tanto asperius tractavit eum, et per injurias molestavit per haec et alia, de quibus non solum terribile est loqui, sed horrendum etiam cogitare, et execrabile hominum in auditu; et ad ultimum comes, cui haec amplius pati non est possibile, sentiens culpa ipsius regis vinculum fidelitatis et homagii, conventionum et pactionum, juramentorum et fidei, subjectionis et obedientiae et alterius cujuscumque confoederationis et obligationis, quod inter regem et ipsum extiterat, penitus dissolutum, et se ab hiis prorsus absolutum et liberum, quia rex ipse superiorem non recognoscit in terris, ad protectionem et auxilium omnipotentis Dei confugit. Verum quia comes ipse, qui amodo ipsi regi obedire non debet nec intendit, cum ad id non teneatur de jure, probabiliter et verisimiliter, maxime etiam cum praesumendum sit de praeteritis ad futura, timet sibi et timere debet, ne rex ipse vel alius, occasione praemissorum, per injuriam ecclesiasticorum judicum seu executorum aliquorum, seu alias, vel alius aliquis ipsum comitem gravet et molestet indebite contra jus et justitiam, et ipse comes paratus est et offert stare juri super praemissis et aliis coram domino papa seu quocumque alio judice competenti, si rex ipse aut alius contra eumdem comitem in aliquo voluerit experiri : ego Johannes dictus Brantin, praenominatus, procurator ejusdem comitis, nomine ipsius et pro ipso, sub testimonio praesentium virorum a me ad hoc rogatorum, ipsum comitem, statum, sibi adhaerentes et suos, terram suam et sibi subditos et sua, protectioni curiae romanae supponens, ad eamdem curiam romanam appello seu provoco in hiis scriptis contra praedictum regem, et contra quoscumque qui sua crediderint interesse, et contra judices seu executores et alios injuriatores quoscumque, et si quis in praemissis aut aliis ipsum comitem, sibi adhaerentes et suos, et sibi subditos in personis aut terris aut possessionibus aut rebus suis vel aliis gravet, turbet, inquietet, molestet, aut vexet, seu quodcumque faciat injuste vel indebite, in figura judicii vel extra, in praejudicium ipsius comitis, sibi adhaerentium aut subditorum suorum, et instanter apostolos peto et protestor de appellatione seu provocatione hujusmodi facienda et innovanda loco et tempore, et prout fieri debebit de jure. Et quia dominus comes praedictus, seu ego aut alius procurator, seu ex parte ipsius aut pro ipso, propter metum ipsius regis et suorum qui in constantem virum cadere debet, in praesentia ipsius regis aut suorum super praemissis appellare seu provocare non possumus nec audemus, protestor nomine quo supra de appellando seu provocando, et de renovando seu innovando appellationem seu provocationem praedictas super hiis, et de notificando haec ipsi regi, dum cessaverit hoc impedimentum, et dum commode facere poterimus, et prout de jure fuerit faciendum [1].

Cet acte d'appel, renouvelé à plusieurs reprises, au mois de mars et au mois de mai, reçut l'adhésion des abbés de St-Pierre, de St-Bavon, de Marchiennes, d'Eenhaem, de St-André, d'Oudenbourg, de Grammont, des Dunes, d'Eeckhout, de St-Nicolas des Prés, de St-Nicolas de Furnes, de Tronchiennes et de Ninove; des doyens de Bruges, de Furnes, de Cassel, de Seclin, de Douay, de Courtray et d'Harlebeke; des prévôts de Gand, de Thourout, de Watten, de Loo et d'Éversam [2]. Une lettre du 22 juin 1297 annonça au pape que le comte de Flandre avait choisi Michel As Clokettes, Jean Beck et Jean de Tronchiennes, pour soutenir cet appel [3].

Gui de Dampierre se confiait dans l'alliance de l'empereur Adolphe de Nassau et du roi d'Angleterre, Édouard Ier.

Adolphe de Nassau lui écrivait le 31 août 1297 :

Adolphus, Dei gratia, Romanorum rex, semper augustus, spectabili viro, Gwidoni comiti Flandriae, fideli suo karissimo, gratiam suam et omne bonum. Litteras sinceritatis tuae nostro culmini noviter destinatas solita affectione recepimus, et contenta in eis pleno concepimus intellectu. Sane scire te volumus quod super tuis turbationibus non minus afficimur quam de nostris. Unde, licet rebellio aliquorum praecipuorum imperii principum et machinationes eorum perversae, quibus crimine laesae majestatis se polluere non formidant, desideriis nostris tibi celeriter succurrendi contra regem Franciae hactenus obstiterint, et adhuc non mediocriter impediunt nostrae propositum voluntatis, quod quidem sub fiducia fidelitatis tibi praesentium serie declaramus, indubitanter tamen teneat tua fiducia quod absque morae periculo, cum viribus armatorum quas admittet praesentis necessitatis instantia, debeamus consolabiliter te videre, juxta quod nobilis vir Johannes de Kuic, affinis noster dilectus, latius tibi poterit expedire, cui statum praemissorum, et exinde nostram penitus expressimus voluntatem. Juxta hoc siquidem volumus quod, spiritum consolationis et animum fortitudinis assumens, amicos tuos et subditos debeas fiducialiter consolari, sciturus certissime quod, si quos cum praedicto rege Franciae contigerit haberi finales tractatus, tibi per omnia cavebimus, quantum possibile nobis erit. De adventu etiam illustris Edwardi regis Anglorum nuper nobis fuerunt aliqua

---

[1] Archives de Rupelmonde, n° 858.
[2] Id. et de Lille; MS. des Dunes, n° 889.
[3] Id. n° 897.

intimata, cujus revera adjutorium tam nobis quam tibi crederetur plurimum opportunum : qui sive veniat, quod multum nostris desideriis arridet, sive non, quod satis esset contrarium votis nostris, de adjutorio tamen nostro certitudinem omnimodam volumus te habere. Datum in Slectstad, II kal. septembris, regni nostri anno sexto [1].

Adolphe de Nassau succomba dans la lutte contre Albert d'Autriche, et Édouard Ier, qui s'était engagé à ne point quitter les armes sans avoir vaincu Philippe le Bel, l'oublia pour conclure une trêve, en acceptant Boniface VIII pour arbitre [2].

Le sort de la Flandre allait se décider à Rome. Philippe, fils de Gui, devenu prince italien, et connu sous le nom de comte de Thiette, depuis qu'il avait épousé Mathilde de Courtenay, s'y rendit sans délai, et il y fut bientôt rejoint par ses deux frères, Robert de Béthune et Jean de Namur, qui avaient quitté la Flandre pour défendre les intérêts de leur père près du pape.

Boniface VIII, avant de monter sur le siége pontifical, avait été, dans un célèbre procès contre les usuriers d'Arras, l'avocat de la commune de Bruges, qui, à l'occasion de son avénement, lui avait offert deux riches pièces d'écarlate, *pro honore suo quod fuerat advocatus causae praedictae* [3] ; et c'était également à Boniface VIII, qui n'était alors que le cardinal Benoît Gaetani, que Gui de Dampierre s'était adressé pour écarter Gui d'Avesnes de l'évêché de Liége, en invoquant des sentiments de bienveillance et de protection qui ne lui avaient jamais manqué [4]. Mais la situation n'était plus la même au commencement de 1298, et c'était au pape, devenu l'allié de Philippe le Bel, qu'il fallait faire accepter un acte d'appel, qui émanait d'un vassal armé contre son seigneur suzerain.

Rien n'est plus important que la série des pièces diplomatiques de cette époque relatives aux négociations de Gui de Dampierre à Rome, et on nous saura quelque gré de les reproduire pour la première fois d'une manière complète.

---

[1] Archives de Lille.
[2] *Rymer*, 1, III, p. 194.
[3] Rôle aux archives de Bruges.
[4] *De vestra benignitatis affluentia plenam gerentes fiduciam, ad ipsam tanto fiducialius recurrimus, quanto ipsam favorabilem semper invenimus.* Notice sur un manuscrit des Dunes, p. 30.

SUR L'HISTOIRE DU XIIIe SIÈCLE.

Le 2 avril 1297 (v. st.), Michel As Clokettes et Jacques Beck annoncent au comte de Flandre que le pape leur a fait bon accueil, en leur parlant de l'affection qu'il avait toujours eue pour la maison de Flandre. En ce moment, Boniface VIII faisait assiéger le château des Colonna, et multipliait les précautions pour se mettre à l'abri de leurs tentatives.

Très-chiers sires, nous Mikius, vo chapelains, et Jaques Beck, vos clers, vous faisons assavoir que nos chiers et amés sires mesire Philippes vos fieus, conte de Thiette et de Loreth, et madame la contesse se fame, estoient en court de Romme, quant je Mikius venoie en ledite court, et avoient jà parlet à nostre sengneur le pape, et principalement de vostre besoingne, de qui il avoit bonne response, et puis, sire, que jou Mikius estoie venu, le meisme jour de me venue fui-ge en le présence de nostre seigneur le pape et lui présentoie vos lettres, en la présence doudi vostre amé fil et de maistre Jaquemon, vo clerck desusdi, et lui monstroie par paroles, soulant [1] chou que Dius le me ministra, vo besoingne, qui moult bonnement me oï. Et me respondit moult avenamment, sir, pour vous, et récitoit, sir, le grand affection et l'amour qu'il avoit de lons tans à le maison de Flandre et à vous, et disoit que bonement il feroit, se Diu plaist, que vos besoingnes revenroient en bon point, puisque li estat des besoingnes des rois de France et d'Engleterre venroient en sa main pour ordener. Et il ne cuide mie qu'il se doivent partir de lui sans bonne païs, et moult bonement il se maintenoit envers monseigneur Philippe vostre fils. Et, très-chier sire, nous visitames puis chest di tous les cardenaus, et leur présentames vos lettres, et leur disimes vostre besoingne pour vous, en recommandans à eaus, dont chascun, à part lui, nous a moult bonnement respondu pour vous, et nous ont promis de conserver vostre estat et vostre honneur et le honneur de vostre maison de Flandre, à leur pooir, et, devant che, les avoit vissités lidis vos chiers fis, qui nous dist que moult convenable response il avoit d'eaus. Or doinst Dius que la besoingne vienne à bonne fin et honnerable, ensi comme nous en avoins grand espéranche. Et, très-chiers sirs, sachiez que mesir Philippe, vosdis fius, s'estoit partis de court, quand ces lettres furent faites, avoec le duc de Calabre, fil au roy Charles, qui estoit venus à court au mandement le pape, et est retournés en ses païs, et revenra aussitost qu'il saura les novèles de la venue de nos seigneurs, qui pour vous venront à court. Et on ne savoit encore auquel liu li court sera en estei. Et il convient, sire, que chil qui viènent de par vous viègnent bien enfourmei et bien pourveu; car pour le partie adverse venront moult grand gent. Et, sire, savoir devés que li cours de Romme est moult désirans et qui besoingner vielt [2], il convient qu'il fache moult de dons, de promesses et de obligations, et meismement en teil besoingne qui si grans est que vous savés, en laquèle il ne convient mie, quand à ore, espargnier. Et nous avons pourvus, sire, pour vous en la court les miudres

[1] Selon.
[2] Veut.

advocas de le court, mais grandement voelent estre servi de leur saleire; nonpourquand nous les avons retenus. Et boin est que vous envoiés à court les transcripts de toutes convenances et de tous priviléges dont vous vos volés aidier, escriptes par mains de tabellions publics. Et d'endroit les apiaus qui fait furent, sire, pour vous et pour les vos, ai-jou Jaques Beck vos clercs, envoiés pluiseurs lettres à vous baillées par pluiseurs mésages, ch'est assavoir par Gérard Hac, qui est de vo terre d'Alost, et par Jean Denis de Lille. Et dou remanant vous ai-je escript comment li papes l'a retenu en parties, spéciaument les apiaus encontre le roy de France, pour ordener, et comment il a commist la besoigne encontre le archevesque de Rains et le évesque de Senlis à monseigneur Gérard de Parme, cardenal, et bon est, sire, s'il vous plaist, que on face faire les citations par les juges des apiaus, qui là sont pour perpétuer leur juridictions, comment que la besoigne voise, et il ont pooir de vous rasaure à cautèle et cheaus qui à vos apiaus se tiennent. Et, très-chières sire, li estas et les novèles de court, quand à ore, sont teus que nostres sires li papes fait continuer sa guerre contre les Colompnois, et estoit encore ses os [1] devant un castel, que on apièle la Colompne, et il se tient plus continuellement sour se warde qu'il ne soloit, et se fait moult près warder et pau ist [2], mais le fie fait-il célébrer en sa capelle, et là se fait moult grandement warder. Et on dist, sire, que Frédris, qui encore tient Sesile, a fait moult grand armée de galées, et à l'encontre li rois Charles et li dux et li princes si fil ont fait et font ausi grand armée, pour coi on quide que grans wuerre sera entre eaus en ches parties, se Nostre Sire n'i met pais. Et encore est en court li évesques de Chaalons; mais mesire Jehans d'Aspremont, évesques, et li primichiers de Verdun se sont parti de court. Et nostre sires li pape a fait moult de nouvèles constitutions, ensi, très-chiers sires, que je vous ai autrefois escript. Et, très-chiers sires, voelliés estre avertis que la court soit si pourveue que par défaute de pourvéance autres défautes n'aveignent; car à che sera grandement vos honneurs et li avancemens de vos besoingnes. Et miels vaut que on manche [3] un pau dou sien en aventure que on perde le grand pour le petit. Et nous avons fait assavoir par lettres à no très-chier seigneur monseigneur Robert, vostre fil, que, se chis mésages lui venist à devant, que il ouvrist ches lettres et les leust et reclausist sour son seel, et sour che, sire, vous fesist assavoir sa volontei. Sire, s'il vous plaist, vostre volontei nous mandés, et nous sommes prest de le faire. Et Nostre Sire vous soustiene en bonne et longe vie, à honneur et joie, et vous ward à l'âme et au cors. Donnei à Rome, 11 jours el mois d'avril [4].

Dans une lettre écrite dix-huit jours après, Michel As Clokettes et Jacques Beck pressent l'arrivée de Robert de Béthune, et lui recommandent de ne rien faire sans connaître exactement la situation des choses :

[1] *Ses os*, son armée.
[2] Sort peu.
[3] Mange.
[4] 2 avril 1297 (v. st.), Archives de Flandre à Lille.

Très chier sire, nous Mikieus As Clokètes, vo capelains, et Jaques Beck, vos clerc, demorans en court de Rome, vous faissons assavoir que nous, le mardi en Pasqueres, envoiames un message vers no très haut et très chier signeur, men signeur le conte, vo très amé signeur et père, par lequel nous li faissons savoir le estat et les novèles de court de Rome. Et li baillames lettres pour vous baillier et pour vous enformeir de ce que nous faissons savoir à nodit très haut signeur. Et sachiés, chier sire, que li papes et autre vo ami se marvellent assés que nus de vos messages n'est encore à destant de vous venus en court pour enformeir et aviser de la vostre volentei. Et nous n'avons encore nul osteal retenu pour vous, ne pour vostre gent à Rome, ne en autre lieu, ne nulle porvéance faite : car nous ne poons savoir où la court sera, ou à Rome ou ailleurs. Nepourquant avons-nous fait no pooir del savoir; et nous dist-on que, en quiel quéconque lieu que li court sera, li papes fera pourvoir as parties de la besoigne pour quoi vous venez de osteus à sen ordenance : et autre response ne poons encore avoir fors que ensi en général. Et pour ce, sire, s'il vous plaist, est-il bon que vous envoiés à devant vous un message, VIII jours ou X, pour noncier sour ce et sour autres choses vostre volentei. Et si vous fuissiés si près comme à Gêne, et vous vousissiés repouseir pour un pau de tens, nous venrièmes à vous, ou li uns de nous, pour dire de ces besoignes, à l'avis que nous porrons avoir que à faire en est : car il ne se fait mie bon soudainement traire en court. Et nous créons que nient plus de certainne response n'ont cil qui sont et ont estei en court pour les messages des rois. Et sour ce, nous faites assavoir, s'il vous plaist, vostre volentei et vostre comandement. Et, sire, se vous volez reposeir à Gêne, ainsi que dist est, plaise vous de prendre vostre repos ès maisons de ceaus de la compagnie de Restorrimente, et faites demander doudit Restor et de Truphin, qui sont chief de le compagnie, et qui moult se sont offert pour vous aisier et honoreir. Et Nostre Sires vous soutienne en bonne et longue vie, à honneur et joie, et vous wart à l'ame et à corps. Donné à Rome, XX jours en mois d'avril [1].

Dès que Robert de Béthune et Jean de Namur eurent rejoint à Rome Philippe de Thiette, ils adressèrent au pape un mémoire où ils réclamaient la liberté de leur sœur, et celle du sire de Blanmont et des autres prisonniers faits à la bataille de Furnes, qui eussent dû être relâchés d'après une clause de la trêve du 31 janvier 1297 (v. st.) [2]. Ils insistaient principalement sur l'importance qu'avait pour la Flandre l'alliance de l'Angleterre.

Sanctitati vestrae supplicant devoti vestri, Robertus primogenitus, Philippus et Johannes filii nobilis viri comitis Flandriae, quatinus honorem et statum ipsius comitis conservantes, de quo in vobis incommutabiliter confidunt, causam ipsius contra regem Francorum, cum ea celeritate qua fieri poterit, terminare velitis, et securitatem in pace vivendi procuretis

[1] 20 avril 1298. Archives de Flandre à Lille.
[2] *Rymer*, I, III, p. 194.

eidem. Et, si res ad praesens terminari non valeat, supplicant ex nunc sibi restitui filiam suam quam rex detinet, et incarceratos et captos quos rex detinet, scilicet dominum de Blanmont et alios, occasione guerrae dicti comitis, liberari secundum formam conventionis habitae in concessione treugarum seu induciarum inter ipsum regem et regem Angliae, et sibi confoederatos et adhaerentes, saltem durantibus treugis.

Item supplicant super sententiis excommunicationis et interdicti, quae de facto latae sunt contra comitem, universitates et singulares personas eidem adhaerentes, paterna benignitate provideri ut revocentur, quatinus de facto processerunt, vel saltem quod omnia sint in eo statu in quo erant tempore appellationum ad vos emissarum; ita etiam quod praelati, non obstantibus dictis sententiis, admittantur ad praesentandum, et clerici et personae ecclesiasticae ad beneficia et dignitates et ad ordines, et ad caetera omnia agenda et facienda recipiantur, et facere possint tam laici quam clerici, in judicio et extra, praecipue cum dictas excommunicationum et interdicti sententias nullas dixerint et dicant, quae facere et agere poterant ante dictas sententias et appellationes emissas, et quod refutatis occasione excommunicationis seu interdicti, post appellationes seu sententias praedictas, praejudicium nullum fiat.

Item supplicant ecclesiis et ecclesiasticis personis sui comitatus comiti adhaerentibus provideri, ne cogantur bona sua tribuere regi, in laesionem et destructionem ipsarum, cum rex ipse et sui, insurgentes adversus comitem et terram suam, plures ecclesias et sacra loca igne concremaverint et destruxerint per injuriam et violentiam.

Item sollicite provideri quod treugae serventur comiti et suis, et quod attemptata adversus treugam praeteriti et futuri temporis, cum restitutione dampnorum, occupatorum et ablatorum, et emendatione injuriarum, in statum debitum reducantur, et super hoc executorem ydoneum vestrum, vel plures, sibi concedi. Et quia quandiu rex tenebit illam partem terrae comitis, quam per violentiam et injuste occupavit, parari non potest comiti et suis treugarum seu induciarum securitas, supplicant quatinus terram illam de manu regis in manu vestra poni procuretis, donec negotium fuerit terminatum.

Pater sancte, devotus vester filius, comes Flandriae, gravatur et laedetur in subsequentibus, si matrimonium, quod inter filium regis Anglorum et filiam comitis Flandriae sperabatur, ex conventionibus inter parentes habitis et jurejurando vallatis, debere contrahi, non procedit. Magnum enim erat ei et generi suo, habere filium regis Anglorum et regem futurum sibi affinem et amicum, et prolem regiam ex matrimonio, et filiam reginam : de quo sperandum erat, Domino disponente.

Item magnum erat ei et subditis suis, habere pacem et amicitiam inter terram Angliae et Flandriae, inter quas frequenter fuit turbatio et guerra, cum dampnoso personarum et rerum dispendio. Terrae enim vicinae sunt invicem, et frequenter consueverunt habere communionem negotiationis et commercii, praecipue lanarum de Anglia et pannorum de Flandria, et aliarum rerum infinitarum quae inveniri consueverunt utrobique. Et quia patria Flandrensis haec et alia plura commoda ex dicto matrimonio sibi profutura sentiebat, obligavit se ad dandum ducenta milia librarum turonensium, quae rex Angliae habere debebat sub ea conditione, si matrimonium procederet. Et erat res ad hoc disposita, quod comes de suo nichil dare deberet pro matrimonio praedicto. Postmodum ex causa convenit inter regem Anglorum et comitem praedictum, quod rex praedicta ducenta milia librarum comiti dedit, et jus quod in eis habebat cessit eidem. Quae omnia comes amisit si matrimonium non procedit, nec alias fuerunt obligati illi de patria ad dandum, nisi sub ea conditione, si matrimonium procederet. Quae conditio matrimonii si deficiat, Pater sanctissime, sicut scitis praecedentia dampna, etiam alia subsequentur.

Haec autem, Pater sanctissime, ad informationem vestram ostendunt devoti vestri filii comitis, ut comitis in hoc negotio sentiatis dampnum et jacturam [1].

Une lettre de Gui de Dampierre, écrite au château de Peteghem, le 23 juillet 1298, donne des détails pleins d'intérêt sur ce qui se passait alors en Flandre :

Guis, cuens de Flandre et marchis de Namur, à ses chiers et ameis fius Robert, Philippe et Jehan, demourans en le court de Roume, salut et amour de père. Sachiés, chier fil, ke as octaves de Saint-Pière et Saint-Pol nous recheumes vos lettres en Pethenghem, ke vous nous envoiastes, et entendimes diligeanment che ke eles contenoient : premièrement, de vo estat; en après, comment li apostoles vous rechut honnoravlement et courtoisement, à vo entrée, quant vous li fesistes révérense, et à l'autre fois, quant vous li monstrastes nos besoignes et nos nécessités, pour lesquèles vous y estes venut : dont nous loons Diu, en priant k'il vous doinst, sour che commenchement, boin moyen et milleur fin, par

[1] Juin 1298. Archives de Flandre à Lille. La phrase suivante terminait ce document : *Non quia ordinationi et voluntati vestrae velint aliquatenus obviare, sed desiderant in omnibus obedire.* Elle est effacée dans la minute originale. Une autre requête dont j'ignore la date exacte est conçue ainsi qu'il suit :

Pater sancte, super provisione quam facere intendit vestra sanctitas pro comite Flandriae et suis, de negotiis infra scriptis, dignemini dare litteras vestras et executores, prout vestrae beatitudini videbitur expedire.

Primo, ut restituatur ei filia sua, quam rex Franciae tenet invitam.

Item, ut liberentur et capti et incarcerati, scilicet d. Henricus de Blanmont et alii, secundum conventiones habitas in concessione treugarum sive induciarum inter regem Francorum et regem Angliae ac eis adhaerentes.

Item, ut tempora appellationum super negotiis, in quibus factum regis Francorum et comitis tangi poterit, interpositarum a comite et universitatibus et singularibus personis, ecclesiasticis et secularibus, comiti adhaerentibus non currant, nec sententiae latae renoventur, sed maneant omnia in eo statu in quo fuerunt tempore interpositarum appellationum, donec vestra sanctitas aliter super hiis duxerit disponendum; et fiat inhibitio ne quicquam innovetur vel attemptetur.

Item, super clericis praesentatis et praesentandis ad ordines, dignitates et beneficia, per comitem et alios patronos et praelatos qui comiti adhaeserunt et adhaerent, et appellaverunt, et appellationibus interpositis adhaeserunt et adhaerent, quos ordinarii locorum reputant excommunicatos, interdictos et suspensos.

Item, super decimis et subventionibus regi Francorum non dandis, secundum quod alias vestra sanctitas decreverit rogandum et ordinandum, et super revocatione sententiarum excommunicationis, suspensionis et interdicti, si quae occasione hujus processerunt, et super dispensatione, si qui forte ac occasione irregularitatem aliquam contraxerunt.

Item, super observatione treugarum et induciarum et attemptatorum, praeteriti et futuri temporis. et reductione in statum debitum, ad restitutionem dampnorum, ablatorum et occupatorum, et emendationem injuriarum.

Item, supplicant... pro libertate ecclesiastica providere dignemini ut burgenses de Valencheins, quos comes Hanoniae violenter fecit extrahi ab ecclesiis, restituantur immunitati ecclesiae. (Archives de Flandre à Lille.)

quoi, nos besoignes délivrées à se sainte volenté, vous puissiés retourner à joie et à honneur.

De nostre estat vous faisoms-nous savoir ke nous estièmes en resenavle point de le santei dou cors, quant ches lettres furent données; mais de cuer mout estièmes greviet, et sommes souvent, et priessei pour les griés, les despis et les damages ke les gens le roy de Franche font à nos et à no gens, k'il molestent et travaillent chascun jour, en faisant et venant contre le teneur de la souffranche ordenée et jurée par les II rois en pluseurs cas, et sour che point spéciaument en le souffranche expressei, *ki tient se tiègne*[1] : car nos houmes et leur biens, qui devant leditte souffrance ne furent pris, saisi ne arriestei, ne durant le souffranche dusques à hore, il arriestent, saisissent et prendent en plusieurs lius, à volentei et sans raison, et dient, puis k'il tiènent les chiefs-lius des castelleries, si comme de Bruges et de Courtray, il voelent avoir et tenir tout che ki èsdittes castèleries est hors des forterèches, qui prises ne furent en tans de wière, et voelent afermer et maintenir par leur legistres, *ke li membre doivent suiwir le chief*. Laquèle chose est apertement contre les paroles deseuredittes, escrites en le souffrance : *ki tient se tiègne*; et se il, par leur cavillations et plus par leur forche, de che venissent à leur entente, ke ja n'aviègne, nous pierderiens à pau priès tout che ke remeis nous est[2] ès castelleries de Bruges et de Courtray, et grant part ès ballies d'Ippre et de Cassiel, qu'il nous ont mis en calenge. Et pour ches débas acorder, qui trop nous appèrent damageus et périlleus, dont li doi mareschal, mesire Simons de Melun, de par le roy de Franche, et mesire Joffrois de Jenville, de par le roy d'Engletière, n'ont peut iestre en acort, par le importunitei des Franchois qui nous sourquièrent de toutes pars, non contrestant le souffrance jurée des II rois, et pendant le traitié des besoignes devant le pape, il nous a convenut prendre journée, si comme par forche et pour pis eskiuwer, contre eaus, à Arras, as octaves de le Magdelaine. Là nous devons avoir VI chevaliers et IIII clers de par nous, et li autre tant de chevaliers et de clers de par eaus, pour enfourmer lesdis marischians dou droit. Laquel chose nous est moult griés, quant de che ki nos drois est, et assés déclareis par le teneur de le souffrance, nient saisis, nient arriestcis ne maiiés de par eaus dusques à hore... nous convient à forche et mettre en déclaration de leur gens. Et dou débat de Rosnais, entre nous et nostre neveu de Henau[3], oïes les raisons d'une part et d'autre raportées par enqueste, li marescheaus le roy d'Engleterre, sire Joffrois devantdit, a donnée sentence pour nous, et mesire Simons de Meleun, marischaus d'autre part, a donnei sentence en descort pour nostre neveu de Henau, lequele, par le auctoritei dou seigneur de Necle, qui commandères et faisières[4]

---

[1] La trêve du 31 janvier 1297 (v. st.), porte : *Qe li rois d'Engleterre, si homme, soumis, aidant et aliez, tendront ceo qu'il tiennent et tenoient au jour que cette suffrance fu prise*. Rymer, I, III, p. 194.

[2] Tout ce qui nous reste.

[3] Au mois de mai 1294, Oste de Trazegnies et Gilles de Wadripont avaient vendu à Gui de Dampierre ce qui leur appartenait dans la seigneurie de Renaix, pour neuf cent livres tournois, mais la validité de cette vente était contestée par le comte de Hainaut.

[4] C'est-à-dire : l'instigateur et l'auteur.

SUR L'HISTOIRE DU XIIIe SIÈCLE.

est de tous ches griés ke om nous fait, si comme entendut avoms, nos niés de Henau met à éxéqution à sen pooir, ensi ke se li doi marischal eussent donneit sentence por lui et en acord. Et puis ches II sentences ensi donniées, nous, pour mal eskiuwer, requesimes et offrimes ke les besoignes fussent en le main des II marischiaus, liquel exploitassent ou liu, et fesissent prendre et lever de par eaus toutes les rentes et les revenues, et les tenisent en sauve main, dusques à tant ke drois en fust déclareis et sans préjudice de le partie ki droit avoir i doit. Lequèle offre et requeste lidis mesire Simons et ses consaus ne vorrent mie rechevoir, ains usent de leur sentence au content[1] de mon signeur Goffrois devantdit et en no préjudice, et font à Rosnais leur bans et leur mandemens, si k'il leur plest et contre raison. Item, sachiés ke li évesques de Tournay, nos contraire à sen pooir, non contrestant nos appiaus, dont juge sunt empétré et plait pendant sour icheaus à Cambray, et ses sentences telles quèles fait publier et renouveler ès églizes de Tournay, de Bruges et de Courtray, et ailleurs, si comme lui plaist, en le diffamation de nous et des nos, et non mie sans escandèle de pluseurs : laquèle chose nous est moult griés. Item, vous faisons-nous savoir, si comme nous avons entendut, ke li rois de Franche fait prendre tous les biens des personnes de sainte Église qui se tiènent à nous et à nos apiaus, par tout là où il les puet avoir en ses destrois, et a jà fait saisir les fruis de cet aoust, et cheaus qui mainent desous nous, quant il vièneut ès destrois le roy, en prent et enprisonne, por II chiuncismes k'on leur demande de tous leur biens, et pour che k'il se tiènent à nos appiaus; et meesment, les bénéfices de nos clers, de l'an présent et à venir, les gens le roy ont pris et saisis, par quoi il n'en pucent goïr, jasoit che k'il aient, par no privilége ke li pape nous a donné, gracie qu'il en puissent goïr en no serviche; mais che valeir ne leur puet contre le forche le roy, qui ensi nous griève et fourmaine de toutes pars.

Cher fil, si vous mandoms, prioms et volons ke de ches griés descuredis et de mout d'autres ke li rois et li évesques de Tournay font à nous et à no gent, en pluseurs manières, vous emfourmés le pape, et en fachiés plainte à lui de par nous, et li soupplyés ke par pitié et par droiture il i mette remède, spéciaument contre le fait l'évesque de Tournay qu'il a en le main, pour corriger et punir, douquel nous vous envoierons prochainement tout le prochès. Et de ches griés ke li rois nous fait, parleis au conte de Savoie et à monsigneur Othe de Gransson, et les emfourmeis comment on nous priesse contre raison. Et à che travilliés ke vous les aiiés avoech vous, ou l'un de eaus, quant vous en parlerés au pape. Dou prévost de Braine-le-lein vous mandons-nous ke de s'accointance et son repair, puist k'il n'est en le gracie dou pape, ouvreis sagement, par qoi en l'occoison de lui li papes ne puist de riens iestre meus contre vous. Item, chier fil, par cest message nous vous envoioms lettres à le compagnie des Mages, par lesquèles vous prenderés en court IIII^m florins d'or. Et volentiers, se nous peusciens, orendroit vous en envoissiens plus grant somme de monnoie; mais li rois d'Engleterre nous a falli de xxv^m libvres de tournois qu'il nous doit de tans passei, dont no boine gent d'Yppre et de Douay, asquels nous sommes obligié, devoient iestre payé, et, pour l'occoison de ceste faute, il en

---

[1] Au mépris.

sont grevei et nous aussi. Et si avons nous no gent daleis le roy [1], qui, pour ce paiement avoir, ont là-endroit awardé longhement et awardent encore. Si nous samble boin ke li cuens de Savoie et mesire Othes de Gransson sentent par vous ke nous sommes en anui et en damage, pour défaute de ce paiement, lequel se no eussièmes à tans eut, vous fussiés plus largement pourveut. Item, chier fil, de che ke vous n'avés mie baillié au pape nos lettres ke vous emportastes, et ke vous iestes bien souvenant des paroles, ke nous vous desimes au partir de nous, sour le matère dont ches lettres parlent, bien nous plest, et n'avons mie encore no propos cangié de che ke nous vous en desimes. Voirement, se li pape vous requiert de demorer et mettre les besoignes sur lui, couvertement et sagement li respondés, et vous en passeis sans lui mouvoir. S'ensi ne fust ke li rois de Franche del autre part ne se mesist sour lui, adonc ne le poriés-vous mie refuser; mais avant ke vous le fesissiés, nous vorrièmes ke vous sentissiés de lui, par raisons et priieres inductives, ke il nous sauveroit no yretage ke li rois a entrepris, et ke nous ne fussièmes par lui fourmenei, ensi ke nous avons estei dusques à hore. Item, chier fil, des avenues de nos parties vous faisons-nous savoir ke li rois Ayous [2] d'Allemagne jadis, le second jour de julé, entre Mayenche et Oppenem, fu desconfis et ochis en bataille dou duch Aubert d'Osteriche, et se gent aussi. Et dient li pluseur ke lidis dus a grant faveur des éliseurs, et tient-on k'il doie iestre rois d'Allemagne, et k'il aproche vers Ais, et trait les gens dou pays à sen accord, et commenche à faire alliances. Et pour che nous avoms jà envoié vers lui pour traiter et ordener avoech lui amistei, selonc che ke boin samblera pour no pourfit au signeur de Faukemont, ki de par nous i est aleis, selonc les avenues des besoignes ki sont ou tans de hore, et fumes fondei en partie sour le teneur d'une lettre le signeur de Kuk, dont nous vous envoions chi-dedens le transcript [3], et d'une autre lettre ke nos niés, li dus de Brebant, nous en envoia, liquels a envoié audit duch pour faire alliance et amistié; et avons-nous et nosdis niés de Brebant sour cheste matère envoié au roy d'Engleterre. Nonpourtant si n'avons-nous encore autre certain entendut se il venra au royaume d'Allemagne; car jasoit che chose k'il ait, si comme on dist, les esliseurs de sen acord, sans le duch de Bauwière et l'archevesque de Trièves, si sanle-il à aucuns ki sont nient de raison, se li pape se voet meller de ceste besoigne, k'il pora faire roy, ensi comme à se volontei; car li archevesque de Couloigne et de Mayenche s'accorderont plainement là où il vorra, che tiènent aucune gent. Et li cuens de Savoie, ki en court est présent, si comme nous entendons, est moult bien dou pape, et li sien ont en aucun tans le pape moult honnourei et avanchié, quant il fu en meneur estat: dont il sanle ke par ceste voie ki bien poroit avoir bonne fin, li pape doie et puist les gens dou roy de Franche amener à raison. De che volons-nous ke vous soyés avisei, pour plus discrètement aler avant en vos besoignes. Ches lettres monstrés à Jehan de Menin et à vostre

---

[1] Près du roi.

[2] Adolphe de Nassau, tué le 2 juillet 1298, à la bataille de Gœlheim.

[3] Dans cette lettre, Jean de Cuyck engageait le comte de Flandre à envoyer le sire de Fauquemont comme ambassadeur près d'Albert d'Autriche, pour lui demander son amitié.

secrcit conseil; et soiiés, pour nostre honneur et pour le vostre, songneus et diligent en le poursuite de vos besoignes. Encore volons-nous que vous sachiés ke, par le faute dou paiement dou roy d'Engleterre, ensi que vous porcis monstrer à ses gens, il nous a convenut à Yppre et à Douway faire paiement à diverse manière de gent, là ù nous estièmes obligié, et plus teneuement en iestes pourveu de monnoie.

Chier fil, nous vous faisons savoir ke, sour le point ke ches lettres furent faites et li messages se devoit mettre en chemin, le semmedi devant le Magdeleine, nous recheumes vos lettres à Gand, par lesquèles vous nous aveis fait savoir comment dou pape vous avois estei requis et priesset à che ke vous mesissiés nos besoignes en se main, et comment, oïe se requeste et entendues ses paroles, à le fie dures, à le fie moles, et eut conseil sour che avoech les gens le roy d'Engleterre, et délibération entre vos et vo conseil, et rewardées d'une part les raisons ki vous mouvoient à che non faire, et del autre part les causes ki mouvoient et devoient mouvoir, selonc l'estat dou tans et des besoignes ki ore sont, en le fin vous iestes enclinei, pour le plus seure partie, à se volentei, et vous iestes mis en lui de toutes nos besoignes, sauve nostre honneur et nostre estat, et sauves les allianches faites entre nous et le roy d'Engleterre; et de che a li pape fait faire un publike instrument. Laquel chose, puis ke ensi faire l'a convenut, nous acceptons, pour pis eskiuwer, meesment pour che ke nous avons aussi entendut ke les besoignes dou roy de France et d'Engleterre sont en se main pour tout acorder; car, ensi ke nos besoignes sont et vont aujourd'huy, nous n'arièmes pooir de vivre ne de durer. Si vous mandons, chier fil, ke vous, pour nostre estat et nostre honneur sauver et maintenir, et le vostre aussi, penseis, songniés et procurés, de nuit et de jour, par qoi ceste besoigne ait bonne fin, ke Dius par se gracie nous otroie. Nous vous envoions les II procurations saielées, et le lettre close au pape, ensi ke vous les mandastes, sans riens avoir mis, ne ostei. Item, chier fil, dou mariage de nostre fille au fil le roy d'Engleterre songniés et travilliés à vo pooir à che k'il soit sauviés, ensi k'il est ordenei et formei entre nous et le roy d'Engleterre; car, se autrement il en avenist, vous perderions pooir et savoir ke nous pierderièmes cc^m libvres de tournois ke nous devièmes donner avoech no fille, lesquels li dis rois nous a pardonneis et quiteis[1]. Item, aiiés remembrance des usures empêtrer dou pape, ke li Crespinois d'Arras vorroient avoir de nous, se nous restièmes en no estat, asquèles nous soumes si fort obligié ke vous saveis, par qoi li pappe les nous relaist; et soient lidit Crespinois contemps de leur costeit à venir à boin conte de che k'il ont eut dou no, et ke nous leur devons; car, selonc che ke nos avons despendu en ceste guerre, nous n'arièmes pooir de ches usures payer; et, si comme vos saveis, nous ne les devons mie payer de raison.

Item, chier fil, penseis se nous sommes de notre yretage restavli, si ke nos seroms, se Diu plest, par qoi li pape nos pourvoie, là nos trairièmes se li rois nous faisoit tort: par qoi matère de descorde et de riote soit ostée entre nous et lui. Item, ke li rois ne nous ait pooir de destraindre à che ke toutes monoies ne puissent courre en no tiere;

---

[1] C'était la dot que le comte de Flandre s'était engagé à donner à sa fille par le traité secret de Lierre.

mais ke eles ne soient pieurs de chèles ki sont faites au piet de le monoie le roy, et ke nous puissiens nos monoies faites ès terres ke nous tenons del empire faire courre, sans le contredit dou roy, par toute Flandre, puis k'ele est aussi souffisans et plus ke li monoie le roy. Item, chier fil, ayés en remanbrance ke li privilége et les frankises ke nous avons données, ensi comme par nécessitei, au tans de ceste wierre, à nos boines villes, pour aquerre leur bénivolense, ki pau nous a valut, soient cassei, meesment en tous les poins desdittes francises ki sont et seront trouvez contre droit et contre raison, par qoi, pour l'occoison de cheaus, toute matère de discorde soit ostée entre nous et nos hoirs et les boines villes devantdites [1]. Et sour toutes autres besoignes, chier fil, soiiés diligent et curieus de imfourmer le pape et cheaus ki bien de lui sont, par vous et vos amis, à che ke nos yretages nos soit sauvés. Item, souviègne-vous de pourveoir, se faire le poeis, ke nous puissiens faire en Flandre, en le partie dou royaume, monoie au piet de le monoie le roy, et milleur, liquèle puist avoir son cours au royaume; car à no grand damage, à tort et de lonc tans, si comme vous saveis, li rois nous a cassei nostre monoie ke nous devoms avoir de no droit, ki cours ne pooit avoir au royaume, par le forche le roy et le légièreté de se monoie. Encore vous envoions-nous, par un autre escrit, griés ke nos gent nous ont fait savoir k'on a fait à nous et à no gent, chi-dedens enclos. Et sachiés ke mesire Joffrois de Genville et Willaume vos frères et no gent ont requis au connestable et à cheaus ki sont de par le roy, ke chil grief et pluseur autre ke nous ne vous envoions mie, fait à nous et à no partie, fussent en sauve main des II mareschiaus ki le triuwe doivent warder, duskes à dont ke li déclaration fust faite, là où il deust demorer par droit, tant soit nos drois clers; mais nous n'en pooms finir, ains est refusei et prendent à suer, et che meisme ke nous avièmes en no mains par-devant de le triuwe, de nos hommes ki mauvaisement nous ont laissiés et se sont trait par-devers le roy, nous pierdoms par le forche le roy, ki le fait prendre et lever apertement et les fait retraire sour le leur. Item, n'ouvliiés mie ramentevoir au conte de Savoie et à monsigneur Othe de Gransson, au traitié de ches besoignes, k'il avisent l'apostoile, ke se li rois avoit plain piet de tière en Flandre, légier est assavoir ke li remanans vaurroit pau à nos et à nos hoirs, quant il, as tans k'il n'i avoit riens, et il ne nous haoit nient, ne devoit haïr, riens ne nous pooit demorer ; et sour cest article mesire Willaume de Mortagne parla au comte de Savoie, desdont k'il fu en Flandre, si comme vous li ramenteverés.

Donnei à Petbenghiem, l'endemain de la Magdelaine [2].

Cette lettre ne trouva plus Robert de Béthune à Rome. La mission qu'il avait reçue avait été terminée, au mois de juin, par la sentence arbitrale

---

[1] Les concessions de priviléges faites aux communes avaient été nombreuses : on voit qu'elles étaient peu sincères. Mais il n'est pas moins vrai que les villes de Bruges et de Gand avaient trahi le comte et le pays, en favorisant les Français, et on comprend que Gui de Dampierre les ait jugées indignes des priviléges qu'il leur avait accordés.

[2] Archives de Flandre, à Lille.

du pape Boniface VIII. On sait qu'en rétablissant la paix entre les rois de France et d'Angleterre, elle annulait toutes les conventions relatives au mariage du prince de Galles avec Philippine de Flandre, pour lui faire épouser une fille de Philippe le Bel. Philippine de Dampierre mourut de douleur dans sa prison : Isabelle de France devait la venger du parjure du jeune prince anglais, qui fut depuis le roi Édouard II.

Boniface VIII s'était fait remettre une déclaration par laquelle les fils du comte de Flandre lui reconnaissaient le droit de prononcer souverainement sur leurs réclamations et sur leurs griefs. Ils n'avaient osé la lui refuser, quoiqu'ils n'y consentissent qu'à regret et pour éviter de plus grands malheurs, et, en ce moment même, ils multipliaient leurs démarches près des ambassadeurs anglais, pour qu'ils ne les abandonnassent point.

Quatre lettres, écrites à Rome, offrent sur ces négociations les détails les plus complets.

Dans la première, les fils du comte de Flandre racontent comment, après avoir pris l'avis des ambassadeurs anglais, ils ont consenti à se soumettre à l'arbitrage du pape :

Très-chiers sires, nous vous faisons savoir que le jour Saint-Barnabé [1] nous venimes devant le pape, à relevée, à sen commandement; et là furent les gens le roy d'Engleterre : c'est à savoir li archevesques de Duvelines [2], li évesques de Winciestre, li cuens de Savoie [3], li cuens de Bar, mesires Ottes de Granson. Et nous donames au pape l'escrit del information des griés que li roys de France vous avoit fais, qu'il avoit oïe de nous. Et li moustrames encore un estrument publique des paroles que li évesques d'Amiens et li évesques dou Puy avoient apportei à vous à Courtray [4], ouquel estrument il iest contenu que, après le dénuntiation que vous aviés faite au roy de ce que vous vous teniés délivré et desloié de toute obéissance et de toute subjection, il offrirent, de par le roy, à faire droit à vous par vos pers des meffais que vous aviés meffais envers le roy, ne n'i avoit mie contenu qu'il vous offrissent droit à faire des griés et des injures dont vous

---

[1] 11 juin 1298.

[2] Guillaume de Heton, archevêque de Dublin. Il avait pris une grande part à la conclusion de la trêve.

[3] Le comte de Savoie était fils de Thomas de Savoie, qui avait autrefois, comme mari de Jeanne de Constantinople, porté le titre de comte de Flandre. Il avait lui-même épousé Marie de Brabant, petite-fille de Gui de Dampierre. Il combattit à la bataille de Mons-en-Pevèle dans l'armée de Philippe le Bel, et fut l'un des signataires du traité d'Athies.

[4] J'ai publié ce document, *Histoire de Flandre*, 1re édit., II, p. 574.

vous doliés dou roy, ne d'autre cose. Par quoi on monstroit encore le durtei et le défaute dou roy. Et fu chis estrumens monstrés au pape, al information de lui, pour ce que li message de France, par fauseté et par mençoigne, quant ils virent que raisons ne leur pooit aidier, donnèrent à entendre au pape que de toutes vos besoingnes li roys vous avoit adiès offiert à faire droit par vos pers, et que vous l'aviés adiès refuset. De quoi li papes fu auques meus encontre vos besoingnes, tels fois fu et en parla à auchuns cardenaus. Et nous li monstrames au contraire, et par le devantdit estrument, que tant de raison n'aviés-vous mie trovei ou roy, que, après ce qu'il vit que si grandement et en tant de cas vous vous plaingniés de lui, il vous euist offiert droit de ce, ne d'aultres coses. Et bien desimes au pape que, ou fait que li roys vous grevoit d'estat et de honneur et de hiretage, et si grandement que la cose appartenoit à le cognissance et au jugement de vos pers, vous le requesistes humelement qu'il vous en fesist raison, et l'en poursivistes par maintes fois, et n'i trouvastes ne raison, ne mesure. Et puis vous li demandastes le droit de vos pers; et ce, ne autre cose qui à droit ne à raison appertenist, vous ne peuistes onques traire de lui, ne trouver, et en avoit-il et ses consaus si grant indignation, et en prendoit si grant félonnie envers vous, que adiès vous faisoient pis que devant. Li message le roy de France sont li archevesques de Nierbone, li dux de Bourgoingne, li cuens de Saint-Pol, mesires Pières Flote, maistres Jehans de Chevery, archediaques de Roem, et mestres Jehans de Menterolles[1], cantres de Raims. Après, li apostoles nous mist avant une parole, et nous requist que vo besoingne nous li mesissiens en main, et il i rewarderoit vo honneur et vo estat, et dist que autrement il ne véoit mie qu'il vous peuist aidier. Et ce faisoit-il pour ce qu'il peuist avoir entrée et voie de vous aidier encontre les François. Sire, ceste parole nous sanla de moult grant pois. Et nous li desimes que li roys d'Engleterre et vous estiés par boine cause alloié, et que là estoient se message, sans lesquels nous ne poiens, ne voliens, ne ne deviens riens faire, et qu'il li pleuist que nous nous peuissiens conseillier à eaus et à nos gens qui estoient avoec nous. Et il le nous otria jusques à l'endemain à le relevée. Le matinée, sire, nous venimes al hostel l'archevesque de Duvelines, et monstrames à lui et as autres dou consel le roy d'Engleterre le besoingne et ce qu'il en avoient oï, et leur requisimes consel, comme à chiaus qui devoient estre tout un avoecques nous. Sour ce, sire, il se conseillirent à par eaus, et nous respondirent, sire, ne mie comme li consaus le roy d'Engleterre, mais chascuns à par lui comme amis : que périlleuse cose estoit dou faire le requeste l'apostole, et périlleuse dou laissier, et qu'il n'en savoient que conseillier pour le mius; et dist premiers li cuens de Savoie, pour lui meismes, et tout li autre l'ensuiirent en ceste fourme : « Li roys de France,
» qui priès de vous est, et a grant haine sour vous, et est poissans hom, a prins, et tient
» pardevers lui, moult grant partie de vo terre, et cil qui demouré sont avoecques vous, ne
» vous sont mie tous bien certain. Et vo ami de dehors, si comme li dux de Brebant et li
» autre, sont bien kierkiet et ensoingniet, et vous n'iestes mie moult warnis de gent, ne
» d'avoir. Et li roys d'Engleterre, parmi ce qu'il a à faire en Escoche, en Gascoingne et

[1] Jean de Montreuil, l'un des principaux conseillers de Philippe le Bel.

» en Engleterre meismes, là où tous ne s'accordent mie bien à se volentei, ne se partira
» jamais d'Engleterre, ne ne vous envoiera jamais, ne ne porra faire secours tel qu'il vous
» puist aidier, ne cil de Gand, ne de vo pays ne recheveront jamais volentiers les Englès [1].
» Et se vous ne faites le volentei l'apostole, vous perderés le graze de lui et de le court
» de Rome, qui est grans cose et lequèle vous avez bien à tenir, et tout ce vous pora
» tourner à grant meschief. » Ne plus ne nous vaurent dire, et tout ce rewardons-nous
en vo besoingne, et d'autre part grant péril peut avoir à mettre si grant cose en volentei
d'autrui. Sour ce nous partismes d'iaus, et euismes consel des chevaliers et des clers que
nous aviens adonc avoec nous. Et à relevée nous venismes devant le pape, et li monstrames le grant fiance que vous aviés en lui, et comment vous vous asseuriés bien de vo
droit, et comment il estoit en lieu de Dieu en terre, et souverains dou roy de France,
en espirituel et en temporel, et li demandames qu'il nous fesist droit contre le roy de
France. Et, pour droit avoir et droit faire, li offrimes-nous à mettre votre besoingne en
main, comme en main de juge et de souverain. Et dist le parole Phelippes, nos frères,
bien et biel. Li papes respondi tantost tèle response, que c'estoit à lui mettre ou content
contre le roy de France, dont il n'estoit mie prins orendroit, mais bien estoit voir que
souvrains estoit-il dou roy de France, en espirituel et en temporel. Et ne li pleut mie
ceste response que nous feismes, et dist que nous n'estiens mie bien conselliet d'ensi
respondre, et nous dist encore que nous nous consellissiens mius, et que nous nous
consellissiens autrement, se nous quidiens que boin fust. Et dist encore que, quelque nous
desissiemmes, pour ce ne demouroit mie que il ne fesist le pays entre les deux rois, et que
l'aliance il desromperoit, et le pooit bien faire. Et quant li roys et vous jurastes l'aliance,
chascuns de vous se parjura ce faisant, et li roys de France ausi, quant il le jura, et bien le
dist à leur mesages. Sour ce nous euismes encore consel as gens le roy d'Englctière; après
nous euismes consel à vo gent et à le nostre qui là estoient. Et à grant prière nous pourcachames délay dusques à l'endemain. Et li papes le nous ottria à relevée l'endemain, c'est
à savoir le venredi après le jour Saint-Barnabé. Après nous assamblames vo consel avoec
nous trois frères : c'est à savoir le prévost de Losane, monseigneur Bassian, le seigneur
d'Escornay, monsr Gerart dou Verbos, le castellains de Douay, monsr Jehan de Menin,
monsr Gillon de Renne, monsr Ponchart de Florence, monsr Watier de Ways, monsr
Robert de Lieurenghien, monseigneur Rasson Mulart, le prévost de Biéthune, monsr
Michel As Clokètes et maistre Jaque Bieck. Et rewardames moult diligianment le
besoingne, à grant mésaise et à grant meschief de coer que nous estions. Et nous sanla
tous que li menres perius estoit de mettre toute le besoingne ou pape, sauve vostre honneur et vostre estat, comme en le main de celui qui estoit en lieu de Dieu en tière, et
en le grant fiance que vous aviés en lui, et ou boin droit que vous aviés. Et ce meisme
nous loèrent li cuens de Savoie et mesire Ottes de Gransson, asquels nous en parlames
derechef, ce meisme jour devant mengier. Et ensi le fesimes-nous à relevée, présens les

---

[1] Peu de mois s'étaient écoulés depuis les rixes sanglantes qui avaient eu lieu entre les Gantois et les hommes d'armes d'Édouard Ier.

gens le roy d'Engleterre qui deseure sont nommei, et par leur otroy, et sauve l'aliance dou roy d'Engleterre et de vous, et présent monseigneur Gérart de Parme et mons^r Mathieu d'Aigne-Esparsse ¹ et mons^r Néapolion ², cardenaus ³. Et dist li papes moult larguement et de grant volentei, que vo droit et vo honneur il vous warderoit, et là où drois vous fauroit, ou la cose seroit en doute, il vous aideroit de se graze, et en toutes aultres manières à sen pooir, et avant il vous donroit une ausi boine contei comme la vostre, ainsçois qu'il le donnast au roy de France; car trop avoit de tière li roys de France. Et de ces coses li papes a fait faire un publique estrument. Sachiés, sire, nous nous aidons bien de Philippe no frère, et nous en aiderons encore mius, si Dieu plaist ⁴.

La seconde lettre développe les motifs qui ont guidé Robert de Béthune et ses frères dans la détermination qu'ils se sont vus réduits à prendre, sans pouvoir consulter leur père.

Sire, quant li papes nous mist avant que nous mesissiens en se main vo besoigne, nous en fumes moult esbahi; car il convenoit à force se requeste refuser ou otrier. Et pourquoi il le fesist boin refuser, nous et tous nos consaus rewardames les raisons qui s'ensuient. Premiers, que grans perius estoit de mettre si grosse chose en volentei d'autrui, se ne fust en homme de qui on se peuist assurer autant comme de lui-meisme; après, que li papes vous estoit estraingnes hom, et tant savoit que, s'il vous voloit grever, il saroit bien trouver cause et ocquoison de quoi il s'escuseroit et deffenderoit; après, que par lui vous et vos églises estiés moult grevés, par les subventions et dismes qu'il avoit otriés au roy de France, et le faveur ke il li avoit; après, que li papes, si com on dist, est uns hom convoiteus, et que li roys sans comparison avoit plus grant pooir de lui servir dou sien propre, et, s'il ne l'avoit, des biens des églises que vous. Et de l'autre partie que nous devissiens ottrier se requeste, nous rewardames les raisons que li cuens de Savoie et les gens le roy d'Engleterre nous misent avant; c'est à savoir : le pooir le roy de France, et ce que il vous estoit priés, et avoit par deviers lui et tournei encontre vous si grant partie de vo tière et de vo gens que vous savés, et le grant coust qu'il vous convenroit mettre à warnir les villes et les lieus qui vous sont demouré, et à vous deffendre, le défaute de deniers et d'avoir pour tel wière maintenir, et del aive dou roy d'Engleterre et del aive dou duch de Brebant et des Alemans, là où il vous convenroit mettre plus grant mise que vous ne poriés soutenir, s'il vous voloient encore aidier, le défaute dou roy d'Alemaingne que li papes meismes nous dist bien que il le feroit tenir tout quoit, s'il s'en voloit encore meller, et que li papes avoit, sicomme il nos dist, teus trois ou teus

---

¹ Matthieu d'Aqua-Sparta, général de l'ordre des frères mineurs, cardinal de la création de Nicolas IV.

² Napoléon Orsini.

³ Ces trois cardinaux soutenaient les intérêts de Gui de Dampierre.

⁴ Archives de Flandre à Lille.

quatre prélas en Allemaingne, dont chascuns, à par lui, aroit bon pooir de lui ensonier, se li papes voloit. Et rewardames aussi que li papes disoit que tout sans nous il feroit le pays entre les deus roys, et que vous tous seus demouriés en le wière, et que cil de vo pays qui estoient demouré avoeques vous, ne vous estoient mie tant bien certain, et que, se on fust alé avant par voie de jugement ou par arbitraige pour droit faire, si vous peuist li papes moult grever, de quoi vous ne peuissiés estre adreciés. Nous rewardames ausi le diffamation de vous, que on diroit que vous vous efforceriés de tenir en esmeute toute le crestienté, et le couroue et le indignation dou pape, et que vous aviés bien à faire et pièça aviés eu de sen dangier et de tenir sen grei pour moult de causes, et pour une raison entre les autres que vous et vos consaus savés bien, et là où li papes, s'il se mouvoit, prenderoit assés tost occasion pour se wière qu'il maintient, et là où il seroient trestous. Et rewardames ausi que, se auchune sentence d'escumuniement ou d'entredit venist de par lui encontre vous, ou pour çou ke cils ke met se besoigne en plait, comme clère ke cle soit, il est en aventaige, s'auchune des sentences qui sont gietées fust approuvée. Nous rewardames ke cil de vo pays li plus grans partie, fust tors, fust drois, prenderoient ocquison de partir de vous; et se vous courciés le pape, vous ne sariés où traire pour confort. Et une parole dist li sires d'Escornay, devant nous et devant tout no consel, que, quant il se parti dou pays, li plus gros dou pays, et qui mius vous amoient et l'estat de le tière, li disent en ceste manière : « Vous en alés à Roume, » wardés que nous ne retournés mie sans faire pays, quèle qu'ele soit, ou, se ce non, » mesrrés estre hounis. » Et si rewardames l'aloiance ke on porcache, et pour le roi dou conte de Hollande encontre vous, si comme vos aveis mandé, et tous li pays. Nous rewardames aussi que devant tout le boine gent, si comme devant les cardenaus et les messages le roy d'Engeterre et nous et no consel, il nous promist qu'il vous sauveroit vo honneur et vo estat, et rewardames que par ces paroles il convenoit que vous reussiés toute vo tière, et en tel estat que francement et paisivlement vous le peuissiés tenir, et que riens ne vous fust ameuri, par quoi il apparust que vous fuissiés de riens meffais contre le roy.

Et toutes ces raisons rewardées, les unes encontre les autres, par le conseil de toute vo gent et des gens le roy d'Engleterre et de maistre Gérard de Parme et maistre Mathieu d'Aigue-Esparsse, et par l'avis de nous trois frères meismes, nous de coer courcié, quel sanlant que nous en feisiens devant le pape, pour sen gré tenir, nous nous acordames à otrier le requeste le pape, comme en le mains périlleuse partie des deus; car l'une ou l'autre nous convenoit-il prendre, et sans arrest, ne n'en peuismes eschapper. Et volentiers cuissiens eu tant de délai que nous en peuissiens avoir envoié à vous, pour le grandeur de le besoingne; mais en nulle manière nous n'i peuismes avenir, ne que d'avoir respit une toute seule eure outre ce que nous avons chi estei. Sire, nous avons livrei au pape no procuration pour vous; et encore en veut-il avoir une autre pour plus grande seurté de le besoingne; car, quant à lui, li soufist bien li procurations qui li est ballié; mais encore veut-il avoir une selonc le transcrit que nous vous envoions enclos en ces letres. Si i ferés metre le date dou jour que vous ferés saieller cèle procuration, et les nous envoierés sans délay. Et sachiés que pour ce ne demoura mie ke le papes ne voist avant en le besogne, ce pendant, pour ordener et terminer le besoigne, si comme il nous a dit [1].

La troisième lettre, rédigée en forme de mémoire, reproduit le récit de l'audience accordée par le pape, le 25 juin 1298, aux fils du comte de Flandre, et les paroles prononcées en leur nom, afin que Gui de Dampierre fût compris dans le traité de paix des rois de France et d'Angleterre.

L'an de l'incarnation mil deus cens quatre vins dis-wit, merquedi, c'est asavoir l'endemain de le Nativetei saint Jehan-Baptiste, au matin, mesires Robers, ainsnés fils ou conte de Flandres, mesires Phelippes et mesires Jehans de Namur, fil et message audit conte, vinrent devant le pape, en se cambre à Sains-Pière, et amenèrent avoec eaus le seigneur d'Escornay, le castellain de Douay, mons' Gérart dou Verbos, mons' Jehan de Menin et un seigneur de loy que on appielle mons' Bassian, et i furent ausi présent devant li pape li message le roy d'Engletere : c'est à savoir li archevesques de Duvelines, li évesques de Winciestre, li cuens de Savoie, li cuens de Bar, mesires Ottes de Granson et mesires Hues de Vier. Et là furent monstrées pour le conte de Flandres au pape, en le présence de toutes les personnes devantdites, tels paroles : « Sire, pour ce que li cuens de Flandres n'a peu
» droit avoir ne raison dou roy de France, et qu'il a tant esté fourmenés par le roy, si est
» la cose à tel desconvenue et à tel meschief tournée, com il pert, si chil qui chi sont ont
» le besoingne par vostre volenté, sauve le honneur et l'estat dou conté et l'aliance qui
» est faite entre le roy d'Engleterre et lui, de qui il ne se voelent partir, mise en vostre
» main, com en celui en qui il ont fiance souverainement et avant tous, et vous l'avés
» emprinse. Or entendent, sire, que vous véés faire le pais entre le roy de France et le
» roy d'Engleterre, sans le conte, ne eaus mettre ens o ore; laquèle cose seroit trop griés
» au conte pour moult de raisons. Premièrement, que li cuens s'en demouras en le
» wière, et fust afoiblis de tèle aiuwe et de tèle aliance comme dou roy d'Engleterre, li-
» quèle a esté faite et jurée par boinne cause et par boinne raison, et encontre celui qui
» droit, ne raison n'a volu faire. Après, sire, pour ce que li triuwe a esté prinse entre les
» deus roys, et se pais est entre eaus, il sera à douter que li roys de France ne tiègne
» nulle triuwe au conte, car il ne li a nulle en convent, mais au roy d'Engleterre, sans
» plus pour lui et pour ses aloiés; et, se pais est, dont n'a li triuwe nul lieu, et parmi
» tout ce que li triuwe dure encore, et que li roys d'Engleterre se melle pour faire tenir,
» si l'enfraint li roys de France et se gent, tous les jours et en moult de cas, que on poet
» clerment monstrer. Après, sire, se li cuens demeure hors de le pays, cil de se pays qui
» à lui se tiènent s'en poront desconsentir et descourager. Cil ausi qui n'ont mie le coer
» bien ferme avoec le conte, poront prendre coer d'iaus tourner contre lui, et meisment
» cil qui, avant que li wière apparust, eurent traitiet et convenence au roy, et prisent lettres

---

[1] Archives de Flandre, à Lille.

» de lui, si comme il vous a esté autrefois monstré. Et avoec tout ce, sire, si sera-ce grans
» diffamations et grans laidure au conte, et mains l'en priseront et douteront se anemi;
» et porra li cuens chaïr en grant péril. Et quant li cuens vous voet de tout obéir, li roys
» de France, qui droit ne veut prendre par devant vous, ne ne se veut mettre en vous,
» ne par mise, ne par composition, ne par ordenance, ne par traitiet, ne doit mie porter
» tel avantage dont li cuens puisse chaïr en si grant péril ne en si grant meschief de sa
» besoingne. Se vous prient et requièrent que vous, en qui li cuens et il ont toute leur
» fiance, i metiés tèle remède et tel consel qu'il affiert; car, sire, le pais ne refusent-il mie,
» ne ne voellent empeschier; mais il prient que leur pais soit faite avoec le pais le roy
» d'Engleterre, et qu'il ne demeurent mie sans lui en le wière, pour raison devantdite;
» car, sire, se vous faisiés le pais des deus roys, se convenroit-il que li roys d'Engleterre
» s'en mellast de le wière, et aidast le conte encontre le roy, à cui il aroit fait pais, comme
» aloiés le conte. Et à vous, segneur, qui estes de par le roy d'Engleterre, requièrent-il
» que vous parliés à no saint-père qu'il face nostre requeste, et que no pais soit faite avoec
» le vostre, et que vous ne voelliés mie que nous seriens desevré de vous; car de vous nous
» ne volons mie partir, ne de l'aliance qui est entre le roy et monseigneur; ains l'avons
» expresséement retenue en le mise à tous jours, et tant soit-il ensi que nous vous otriames
» à faire mise, pour ce ne vous otriames-no mie à faire, ne à prendre pais sans nous, et à
» nous laissier en le wier. Laquèle cose de faire pais sans nous, vous ne poés, ne ne
» devés faire, par le raison des convenences qui sont en l'aliance. Et vous requérons encore
» que nous tiegniés le convenance le roy, à warder le sien honneur et le vostre, tel gent
» que vous estes. » Ces paroles dites, li archevesques de Duvelines dist au pape : « Sire,
» nous vous prions que vous faciés no pais avoec le pais le conte, » et li autres l'en-
suivirent. Après ces paroles, li papes s'esmeut à se volenté, et dist que pour ce il ne
laroit mie à faire le pais entre les deus roys [1].

La quatrième lettre, qui retrace également les efforts tentés près de Boniface VIII, nous apprend qu'ils ont été stériles : elle annonce en effet, par quelques mots ajoutés à la hâte, que le pape a prononcé au palais de St-Pierre la sentence d'arbitrage qu'il a refusé d'ajourner plus longtemps.

Très chiers sires, nous Robers, Phelippes et Jehans vo fil, vous faisons savoir pour verité et pour certain, que l'endemain dou jour de le Nativitet saint Jehan-Baptiste nous fumes avoecques les gens le roy d'Engleterre devant le pape, et li monstrames, pour ce que nous aviens entendu que il entendoit à faire le pays entre le roy de France et le roy d'Engleterre, sans vous mettre en le pays, les griés qui vous en poroient avenir, et li priames que il ne le vausist mie faire, et qu'il li pleuist attendre dusques à donc que li vostre pais fust apointié, et que les pais se fesisent toutes ensanle, pour moult de raisons. Et

[1] Archives de Flandre, à Lille.

requesimes as gens le roy d'Engleterre que à ce il vausissent travellier, pour le honneur dou Roy et d'iaus meismes, et pour le raison de vous : car tant fust-il ensi que nous fuissiens assenti qu'il peuissent mettre leur besoingnes sour le pape, pour ce ne leur otriamesnous mie que sans vous il fesissent pais, et vous laissassent en le wière et ou débat, ainsçois leur contre-désires, et que tèle estoit li obligations de l'aliance entre le roy et vous, liquèle fu faite dou roy et de vous, pour vos drois à deffendre encontre le roy de France, de qui vous ne poiés avoir eu droit. Li message le roy requirent illeuc au pape que leur pais et le vostre il fesist tout ensaule. Li papes, nos paroles oïes, nous respondi dur, et dist que nous estiens mal conseillet, et que, pour le contei de Flandres, il ne lairoit mie à faire le pais des deus roys, et que le pais il feroit et pronuncheroit entre eaus, et, se aucune cose i avoit encore à dire, qu'il diroit en un autre tans, et le truwe de vous et des aloiés il feroit tenir, et de vo besoingne il ne pronunceroit nient orendroit, car il convenroit que par autre voie il vous aidast. Et dist encore, se nous nous repentiens de ce que nous aviens mise vo besoingne sour lui, il s'en osteroit volentiers de tant comme à vous [1], mais le pais des deus roys ne lairoit-il, ne ne targeroit à faire pour nullui. Et tenés, sire, pour certain que li pais sera faite, dedens ceste semaine où nous sommes, des deux roys. Si rewardés, sire, à vo pais et à vos besoingnes, ensi que vous quiderés que boin sera, et ne vous esmouvés [2] de nouvielle que on vous die, qui d'autrui vous viègne que de nous ; car nous vous en ferons adiès savoir le vérité. Et meesmement avons espérance de bien besoingner, mais aucun délay i sera, et pour Dieu, sire, pour ce ne laissiez mie que vous ne nous envoiez les deus procurations que nous vous avons mandées, si chier que vous avés vo besoingne et vo honneur, et le aive et le graze dou pape, et ces procurations nous vous mandames par Ghiselin et Cambier, vos propres messages, qui vos lettres nous apportèrent, et murent de Rome le jour de le Nativité saint Jehan-Baptiste. Sire, celui jour de le Nativité, au soir, nous rechumes vos lettres que Micheles, nos messagiers, nous apporta, qui parolent dou segneur de Saint-Venant, et d'autres qui doivent estre venu ou avoir envoiet à Rome, pour diffamation de vous, et pour grever chiaus qui avocques vous se tiènent. Sachiez, sire, c'est une cose qui ne fait mie moult à douter, selonc ce que nous entendons, et nous en serons moult bien sour no warde [3]. Il i a bien venus gens de Bruges, Graut Cant et Pol de le Walle [4] : li castellains de Bergues est outre passés en Puille, et des autres nous ne savons nient. Sire, pour le haste de le besoingne des roys, nous ne vous escrisons à ore autre cose, et ces coses, sire, faites savoir

[1] C'est-à-dire : pour ce qui vous regarde.
[2] On avait d'abord écrit : *Ne vous effréés, ne esmouvés*.
[3] Sur nos gardes.
[4] Gérard Cant et Paul Vandewalle étaient chargés de remettre au pape une pétition de la commune de Bruges. On voit, par un rôle que j'ai publié dans mon *Histoire de Flandre*, 1ʳᵉ édit., t. II, p. 601, qu'ils dînèrent à Rome avec le cardinal Lemoine. Le cardinal Lemoine était français, et Boniface VIII le traitait assez mal, si l'on peut ajouter foi à la phrase rapportée par Guillaume de Nogaret : *Picarde, tu habes caput picardicum, sed ego piccabo te* (Dupuy, *Pr.*, p. 339). Néanmoins, il se montra dévoué au pape dans son démêlé avec Philippe le Bel.

à medame et là où vous quiderés que boin soit. Sires, puis ke ces letres furent escrites duske à hui, nous eumes consel d'atendre encore pour savoir quier li dis se joroeroit des dois rois, lequel dit li papes le venredi matin ensuivant après, pronuncha en le manière qui est contenue en un escrit chi dedens enclos [1]. Sire, Nostres-Sires soit warde de vous.

Escrit à Rome le samedi vegille saint Pière et saint Pol [2].

Peut-être les fils de Gui de Dampierre accusèrent-ils le comte de Savoie de les avoir secondés avec trop peu de zèle. On leur reprocha du moins d'avoir fait entendre des plaintes assez vives, et comme ils voulaient rester fidèles à l'alliance d'Édouard Ier aussi longtemps qu'il y avait quelque espoir de la conserver, ils crurent devoir démentir les paroles qui leur étaient attribuées.

Le lundi après le jour Saint-Piere et Saint-Pol [3], à eure de viespres, mesires Robert de Flandres, mesires Phelippes et mesires Jehans de Namur, fil au conte de Flandres, vinrent au palays de Sainte-Sabine, en l'ostel le conte de Savoie, et parlèrent audit conte et al archevesque de Duvelines, à mons[r] Otte de Grausson, et monseign[r] Hue de Vier, messages le roy d'Engleterre, en ceste fourme, et si fu avoec eaus, des gens de Flandres, li sires de Escornay, li castellains de Douay, et Jehans de Menin : « Seigneur, on nous a
» donnei à entendre que vous avés entendu que auchunes dures paroles et estraingnes
» ont esté dites de nous et de no gens encontre vous. Nous vous prions que vous ne le
» créés mie; car il n'est mie ensi, ne talent, ne volentei n'en avons eu, ne se arons.
» Voirs est que li papes a prononchiet un dit entre le roy de France et le roy d'Engleterre,
» ensi que vous savés, où il a auchune durté encontre nous : encontre le dit nous ne
» disons nient. Bien avons espérance que li cose venra à bien al aive de Dieu et parmi
» le boin droict que nous avons. Vous savés les aloiances et les convenances qui sont
» entre le roy et mons[r] de Flandres. Nuls descors n'en a estet, ne mise faite, et là n'ap-
» partient nuls dis. Nous créons certainement et avons bien fiance que li roys les tenra
» pour se loiauté et pour se honneur, et ce li priera et requerra adiés mesires. Et nous
» vous prions que vous i metiés vo aive et vo boin conseil, et que là où vous porés vous

---

[1] Anno Domini millesimo ducentesimo nonagesimo octavo, die veneris post nativitatem sancti Johannis Baptistae in mane, in pleno consistorio et publico, Romae in palatio ecclesiae sancti Petri, praesentibus nuntiis regis Franciae et praesentibus nuntiis regis Angliae et praesentibus etiam cardinalibus et pluribus aliis archiepiscopis, episcopis et caeteris praelatis ac etiam multis aliis qui voluerunt interesse, papa pronuntiavit inter regem Angliae subsequentia seu infrascripta in modum qui sequitur, etc. Voyez les actes de Rymer, I, III, p. 200.

[2] Archives de Rupelmonde.

[3] 30 juin 1298.

» nous voelliés tenir boin lieu. Et ensi vauriens-nous faire à vous, là où nous ariens le
» pooir comme à nos boins amis. » Et il respondirent qu'il le feroient volentiers, et pourcaceroient à leur pooir le bien le conte et désirant en estoient de boin coer, et que encore n'estoit mie par le dit li besoingne mise à se fin [1].

La sentence arbitrale du pape ne renfermait aucune réserve en faveur du comte de Flandre [2]. Dans une bulle séparée et fort courte, le pape s'était borné à proroger les délais de l'appel interjeté par Gui de Dampierre, afin de pouvoir poursuivre plus tard l'aplanissement des difficultés. Cette bulle était ainsi conçue :

Bonifacius episcopus, etc. Dudum inter karissimum in Christo filium nostrum Philippum, regem Francorum illustrem, ex parte una, et dilectum filium nobilem virum Guidonem, comitem Flandriae ex altera, super certis articulis dissentionis materia, litibus etiam et contestationibus exortis, plures appellationes pro parte ipsius comitis et ei adhaerentium fuerunt occasione hujusmodi ad sedem apostolicam interjectae. Nos autem certis ex causis quae ad id rationabiliter nos inducunt, volumus ut hujusmodi appellantibus tempora prosequendarum appellationum et juris statuta non currant, et quod omnia super quibus appellatum est, et illa contingentia, in eo in quo nunc sunt statu consistant, donec super hiis aliud duxerimus ordinandum [3].

La mission de Robert de Béthune et de Jean de Namur était terminée. Tandis que Philippe de Thiette se rendait dans le midi de l'Italie, espérant encore de pouvoir servir la cause de son père en se rendant utile à celle du pape contre Frédéric d'Aragon, ils reprirent tristement la route de la Flandre. Ils avaient épuisé toutes les sommes qui leur avaient été confiées, et le 30 juillet, afin de suffire aux frais de leur voyage, et au payement de quelques dettes qu'ils avaient laissées à Rome, ils recoururent à Florence à un emprunt de 4,000 florins d'or, que Gui Bardi, qui s'intitulait chevalier aussi bien que les Louchard d'Arras, leur avança à l'intérêt de 4 p. %

---

[1] Archives de Flandre à Lille.
[2] Rymer, I, III, p. 200; MS. des Dunes, n° 923. Baillet, afin de pouvoir présenter la sentence d'arbitrage comme contraire au roi de France, assure qu'elle portait qu'il rendrait à Gui de Dampierre sa fille et les villes qu'il occupait, et qu'il irait en Orient combattre les infidèles. Tout ceci est complétement inexact.
[3] MS. des Dunes, n° 277.

par mois [1]. Une fièvre ardente, résultat des inquiétudes et des fatigues, avait saisi Robert de Béthune : à peine parvint-il à traverser les gorges du Mont-Saint-Bernard et à atteindre Lausanne, où il dicta, le 27 août, son testament [2].

La lettre suivante fut écrite à Lausanne par Robert de Béthune : il y annonce à son père sa maladie et les retards qu'éprouve son retour en Flandre :

A très-haut, très-noble et très-poissant sen très-chier seigneur et père, Guy, conte de Flandre et marchis de Namur, Robers, ses ainsnés fils, salut et amour et obéissance de fil.

Très-chiers sires, autre fois avons fait demourée ou chemin de venir à vous plus longe que nous ne quidiens, par le maladie de nous et de no frère, qui est, benois soit Diex, tout nètement waris, et je meismes en estoie en assés boin point; or me reprist, cest mercredi qui passés est, entrens que je passoie le Mont-Saint-Bernart et avoie geut à Aoste et vine gésir à Saint-Brantier, une fièvre qui adiés puis m'a tenu aigrement double tiertène, si que je ne me puis partir de Losane, là où je sui, dusques adonc que Diex me ara mis en autre estat. D'autre part, chier sire, au partir de Rome, mestres Jaquèmes Bieck nous kierka deus lettres de vos appiaus, lesquèles nous fesimes warder pour apporter à vous. Faites, s'il vous plaist, rewarder à vo consel, parquoi vous en usés avant que li mois d'octobre commence, se vous n'avés usé d'autre lettre sanlant à ceste, ou qu'il doive soufire à vos besoingnes, ou ce non, desdont en avant vous ne vous en poés aidier, ne del appiel, quant à ces lettres, pour le trespas de l'année dont lesdites lettres parolent en le date. Et nous le vous envoions en haste, pourceque nous ne porons mie venir à vous si tost que nous aviens en pensée. Sire, si emparlés tost à vo consel. Sire, nous entendons par chiaus qui viènent de le cour de Rome, et qui murent puis que nous en partismes, que pays est entre le roy de Sécille et Frédéri d'Arragone, mais nous ne savons mie le certaine fourme comment [3].

Le 6 septembre, Robert de Béthune et Jean de Namur étaient arrivés à Besançon, où ils se virent de nouveau réduits à un emprunt. Peu de jours

---

[1] Archives de Rupelmonde. Les Bardi affermèrent un instant tous les revenus du royaume d'Angleterre. Ils avaient une maison à Bruges. Villani les appelle une des colonnes du commerce de la chrétienté.

[2] Je n'ai pas retrouvé aux archives de Lille le testament de Robert de Béthune. Il est analysé dans l'ancien inventaire. Les exécuteurs testamentaires, désignés par Robert de Béthune, étaient Jean de Menin et Gérard de Verbois.

[3] Archives de Rupelmonde, n° 1039.

après, ils adressaient de Baume à Jacques Beck et à Michel As Clokettes, qui étaient restés à Rome, une lettre que nous croyons devoir reproduire [1] :

Robers, ainsnés filz le conte de Flandres, et Jehans, sires de Namur, fils audit conte, à leur boins amis, maistre Jaque Bieck et mons' Michiel As Clokètes, demourans en le court de Rome pour ledit conte, salut et boine amour.

Nous vous envoions, adjoint à ces lettres, le transcrit d'une lettre que Jehans de Menin, chevaliers, rechut de no chier segneur et père devantdit, à Plaisence, èsquèles lettres vous verrés et voires est, qu'il a plusieurs coses qui portent grant grief à monseigneur, et dont il est grans mestiers que li ententions no saint-père le pape soit seue et manifestée et wardée, et que li évesques de Vincense, ou autres hom souflissans, soit tost ou pays, pour faire tenir le truwe ou le soufrance, et pour faire adrecier les entrepresures que on a fait et fera al encontre, et pour mettre en estat deu. Si vous mandons et prions que à monsegneur de Parme [2], à cui nous envoions lettres, et à nos autres amis et au pape vous parlés et faites parler, et pourcachiés que il i mette remède hastivement, car li cose est en grant meschief et en péril, et ne poet longuement demourer ensi; et al information de vous, nous vous ramentevons et mettons à mémoire sour les articles qui sont contenu ès devantdites lettres : premièrement, de le présentation des bénéfices no sains-pères li apostoles a ordené que les coses demeurent en pendant et sans préjudice, dusques à dont que on porra veir comment on ira avant, et quel fin on porra mettre à le question principal, qui est entre le roy et monsegneur, de lequèle li papes par se grâce se veut entremettre. Or sanle-il bien par raison que sour ce li prélat ne doivent riens faire ou préjudice des présentations, et de chiaus qui doivent présenter et de chiaus qui vauront présenter, et que li volentés dou pape doit apparoir sour ce par se bulle, et que sour ce ait-on exécuteur de par lui, ou autrement li prélat aront cause de non savoir le volenté dou pape sour ce. Item, d'endroit les aires de chiaus qui ne se sont rendu au roy et se sont tenu avoec no chier segneur et père, et de leurs biens qu'il ont tenu en le obéissance de no chier segneur, devant les truwes, c'est apperte oevre que cil de Franche font contre le truwe ou contre le soufrance, et de ce qu'il veulent dire que, puisqu'il ont Bruges et Courtray ou autres boines villes en Flandres, il doivent avoir le castèlerie et le pays entour, come les membres sivans au chief, il ont tort qui ce dient et troevent ocquisons cavilleuses, qui ne sont mie fondées en raison, comment il puissent aler contre le truwe et faire fraude as convenences de le truwe, car voirs est, et vous savés, Bruges est une ville francie par les anchisseurs no chier seigneur et père, et par monsegneur meismes, dedens les certaines bonnes qui i sont, il a eschievins et administreurs qui hors des bonnes n'ont ne cognissance, ne jugement, ne administration, ne pooir nul, ne de riens ne représentent le université dou pays dehors, ne de leur cors ne sont,

[1] Archives de Rupelmonde, n° 990.

[2] Gérard Bianchi, chanoine de Parme, célèbre jurisconsulte. Il avait été créé cardinal par le pape Nicolas III.

ne obligier ne les poent, ne faire fait ne meffait dont il soient tenu, et, s'il se rendirent au roy par leur malice ou de leur volenté, ce ne touke riens à chiaus de dehors, et pour ce n'a riens li roys conquis sour chiaus qui ne se sont rendu ou trait à le partie le roy, ne à monsegneur cui li ville est et li pays, sans qui s'en il ont fait accort au roy, et qui n'estoient mie en lieu le comte, ne pooir n'avoient de riens faire ou nom dou conte qui en sen préjudice deuist estre, à cui il despleut ce que cil de Bruges en fisent, si tost comme il le seut, et desplaira à tousjours. Et cil de le chastèlerie et dou pays de Bruges sont uns autres cors, tous desevrés de chiaus de Bruges, et ont eschievins à par eaus, et eschevinage et loy et coustumes autres que cil dedens. Et tout ensi est-il de Courtray et de Lille et des autres villes et des chastèleries dehors. Et ces coses sont notores, et vous les savés, qui estes dou pays, par quoi cil des chastèleries et dou pays dehors ne doivent porter, ne sivir le fait de chiaus dedans les villes, et nient plus que cil dedans le fait de chiaus dehors, car, ensi com dit est, il sont tout d'autres conditions et d'autres loys li un as autres, et ont autres jugeurs et autres administreurs. Item, dou fait de Rosnay, il oevrent encontre le truwe, car mesires en fu saisis au commencement de le truwe, et encore puis que débat i a entre les deux eswardeurs de le truwe, mesires a offiert et vauroit que la cose fust tenue en main commune le débat durant, ne sour le segneur de Nielle il ne s'est riens mis, ne ne vauroit mettre. Dou renouvèlement des sentences le évesque de Tournay, il s'en deveroit bien soufrir le question pendant : car, tout soit-il ensi que li papes en ait donné juges, si convenra-il en le poursuite dou plait touchier et esmovoir le question principal qui est entre le roy et monsegneur, et c'est encontre l'entention le pape, qui veut que pour ceste cause nuls tans ne coure des appiaus. Et de ce, s'il plaisoit au pape, seroit boin avoir se bulle et exécuteur, et nomméement de ce que li constraint les appielans les aherdans à renunchier as appiaus : laquel cose est moult encontre le révérence et l'obéissance qu'il doit et a jurée à l'église de Rome, et chis évesques a fait moult de outrages et fait tous les jours, et tout ce fait-il sour le fiance dou roy, et dou grant avoir qu'il a tolu et reubé en la terre de Flandres par se évesquié[1], et moult vauriens que on le peust troubler au pape, et que li papes li donnast à soufrir, car il l'a bien désiervi[2]. Item d'endroit les deus cincquièmes que li roys veut avoir et les aires qu'il en fait, li entention le pape est que li roys ne les ait mie, ains soient paiet au Temple. Se li papes voloit de ce donner lettres, par quoi nos gens ne fuissent mie destraint par le roy, ne par ses gens, qui sont leur anemi et li no, et mander à no chier seigneur et père que vous et nous aidissiens ces exécuteurs à ce faire lever par no pooir séculer, il feroit bien, et nous en feriens appariement le volenté dou pape. D'endroit le délivrance dou seigneur de Blanmont et des autres que on tient encontre le convenence de le truwe, pour le roy d'Escoce, c'est une escusance qui n'est mie vraie, car dou roy d'Escoce ne fu onques parlei, et si grosse cose et si notable comme dou roy d'Escoce ne doit mie estre entendue en généraus paroles de le délivrance ou de le recré-

[1] C'est-à-dire : dans son évêché.
[2] L'évêque de Tournay était Jean de Vassoigne, chancelier du roi de France.

ance des prisonniers d'une part et d'autre [1]. Pour Dieu, biau segneur, nous vous prions que vous soiés soingneus de ces besoingnes et hastéement, car il en est besoins. D'autre part mesires nous a fait savoir que le crois de me dame, vous mesire Mikiel, de certain, ou li uns de vous, avés racaté pour vi^e lb; il plairoit moult à monseigneur que pour mains vous le faciés, se estre peut; si en rabatés ce que vous poés, et le faites savoir à monsegneur ce que vous en arés fait. Encore nous a fait mesires savoir que nous saichons à vous deus quel cose vous avés fait des deniers que li recheveurs a délivrei à vous, mesire Michiel, puis que vous partistes ore darrainement de Flandres; si en escrisiés à monsegneur entre vous deus ce que fait en est. Segneur, vous savés que, un pau devant ce que nous partismes de Rome, nous euismes consel as frères prêcheurs des besoingnes qui sont encontre le roy. Là fu rewardée li demande que mesires Baissans avait faite, et que li consaus de Rome feroit ausi une autre demande, et que, avant que on entrast ou plaist, auchunes gens disoient que, de par monseigneur, on feroit une monition au roy pour raison dou péchiet selonc les paroles del Évangile, qui sont contenues en une décretale. De ce devoit maistres Jaques, c'est-à-dire maistre Jakes dou Castel [2], faire un escrit et mettre en escrit clèrement le prochiès et les paroles, et comment on deveroit aler avant en cele monition, et prendés accort de consel se on ira avant en cele monition, et comment et par qui, et de no prochiès ausi et de no besoingne mesire Bietremius de Caple [3] nous devoit envoier un escrit. Prendés et aiés toutes ces coses en escrit, et le nous envoiés le plus tost que vous poés, et en retenés entre tans pardevers vous, en aventure se li messages ne venoit à nous. Item, vous savés que de le mise que nous avons faite ou pape, sauve le honneur et l'estat de monsegneur, nous li donnames une procuration, et li papes en vaut avoir une autre qui principaument parlast de la question monsegneur, et mesires sour ce nous a envoiés ii procurations, li une est qui espéciament parole en le fin de le teneur de le procuration, que mesires tient à grei et à estable ce que fait est dusques à ore par nous, et est li date dou tans que elle fu saiellée; li autre procurations ne contient mie ces paroles, ains est toute simple, quant as autres coses, sanlans [4] à celi dont li date est dou tans de le primeraine procuration qui fut baillié au pape et laissié au tabellion. Conselliés-vous sour ces deus procurations, et donnés au pape celi qui mius li venra à grei, car mesire veut faire se volenté, et nous ausi à no pooir, et faites que de cèle mise, vous aiés le instrument publique qui faice espécial mention que, parmi ce que li papes i doit sau-

---

[1] Philippe le Bel refusait de rendre la liberté à Henri de Blanmont, sous ce prétexte qu'Édouard Ier retenait captif Jean Baillol, devenu son prisonnier après la bataille de Dumbar. Mais on répondait que la clause générale de la trêve *tuit li prisonnier, deçà et delà*, ne pouvait s'étendre à un prisonnier aussi illustre que le roi d'Écosse. Jean Baillol fut remis, à Witsand, à l'évêque de Vicence, le 18 juillet 1299. (Rymer, I, III, p. 210.)

[2] On avait d'abord écrit : *maistre Jaques li gros et li camu, de qui son nom il ne nous souvient mie*.

[3] Barthélemi de Capoue, logothète du royaume de Sicile et notaire pontifical.

[4] Semblable.

SUR L'HISTOIRE DU XIIIe SIÈCLE. 55

ver le honneur et l'estat de monsegneur, li mise est faite en le personne de lui, et que li papes l'a ensi rechut, et faites esclarcir, se vous poés, comment il l'entreprent, ou comme papes, en non de se dignité, par quoi li mise demourast en le personne de sen successeur qui papes seroit, ou en le personne de lui singulère, comme en monsegneur Bénédic [1]. Segneur, pour Dieu et pour pité, ensi que nous vous désimes au partir, les besoingnes que vous avés entre mains, faites-les amiavlement ensanle et par accort, et vous portés ensanle boinement, si que il affiert al avanchement et à le seurtei des besoingnes que vous avés entre mains et qui tous jours vous vièenent et croissent, et al honnesté de tel gent que vous estes et ensi créons-nous que vous l'aiés fait et que vous le doiés faire en après, car, segneur, en trop périlleuse main sont besoingnes de messages qui ne sont d'accort, et, s'il i avoit auchune cose entre vous de quoi li uns ne se tenist mie bien à paié de l'autre, faites le savoir à nous ou à l'un de nous, et nous i metterons tel remède de quoi vous vous tenrés à paié se tort n'avés. Encore vous envoions-nous une lettre close qui va au pape de par monsegneurs, et une procuration de par medame, et une lettre close qui va à no frère. Et encore vous envoions-nous griés appiers et nouviaus, par lesquels il appiert que les gens le roy de Franche ne tiènent nulle truwe, ne mie pour ce que nous nous en plaingnons encore au pape, mais pour ce que li papes envoie plus tost ou pays pour faire tenir les truwes et adrecier les tors fais. Maistres Alexandres de Gand moru à Fournoue le jour Saint-Lorent; ne porsivés nulle pétition por lui, mais les autres poursivés et hastés à vo pooir. Et faites savoir à monsegneur ou à nous ce que vous en arés fait des besoingnes deseuredites et d'autres et des nouvelles de court seurment. Si encore vous faisons-nous savoir ke nous avons envoiiet une lettre de marchans de le compagnie des Mages .... à leur compaignons demourans en le court de Rome : lequele lettres .... mesires Guys de Bardes de Florence, chevalier, doit percevoir ou faire percevoir à Rome, et que cele lettre nous devons avoir iiii^m florins d'or. Dont nous vous mandons, mesire Mikiel, ke vous en prendés duskes à vi^e lb., por le crois medame racater ensi ke mandé l'avés à nostre chier segneur et père, se pour mains ne poés faire, car se par mains le poés faire, il plairoit moult à nostre chier segneur et père desusdis, si que mandé nous a, et ensi mandons-nous audit monsigneur : mandés ke il le vous délivre et le remanant il détienne pour ce que il nous a presté à Florence à autre fois pour nos despens faire. Encore vous envoions-nous un transcript d'une lettre lequelle nos chiers sires et pères nous envoie li argent à nostre segneur Gérart de Parme : car li rois de France, par le convenanche de le truwe, poet faire alloiance à nullui le truwe durant, et non pour quant li rois de France s'est de noviel alloiés à no neveu le conte de Hollande [2], si que vous poiés voir par les lettres dessusdites. Et ensi apiert-il ke li rois ne warde ne foi, ne letres, ne trièves, si que vous ferés dire audit mesigneur Gérart et monstrer, et nous li prions moult à croire ke il

---

[1] Ici une phrase a été effacée : *Et se faites esclarcir ausi que li mise soit à nient si li roys ne s'i veut assentir, par quoy mesires ne demeure mie à tous jours loiés, et li roys desloiés à se volentei.*

[2] Jean d'Avesnes avait reconquis la tutelle du jeune comte de Hollande, et c'était, sans doute, par son influence que l'alliance de Gui de Dampierre avait été sacrifiée à celle de Philippe le Bel.

ces veule oïr : si nous faites savoir responsse de tout. Item nous vous demandons ke vous faites faire une citation et fourmer cele aparement, s'ensi est ke il conviegne le rois de Franche ajourner. Et pour Diu, tout ausi tost que vous savés ou porés savoir le responsse dou roi ke il ara fait au pape, si le nous faites savoir sans délai. Et Dix vos gart. Escript à Baume[1] le mardi après le nativité Nostre-Dame et délivrés le plus tost ke vous porrés les mesages, car Malis a à faire à Boulonne le Crasse, si k'a-il dit[2].

Nous avons vu Robert de Béthune se rendre, après la sentence du pape, au palais de Sainte-Sabine, pour déclarer aux ambassadeurs anglais qu'il espère encore qu'Édouard Ier remplira ses engagements. Gui de Dampierre, à son exemple, tente un nouvel effort près du roi d'Angleterre, en qui, comme il le dit lui-même, il place ses dernières espérances.

A très-haut et très-poisçant prince, son très-chier et très-amei seigneur, monseig^r Edward, par la grâce de Diu, roy d'Engleterre, seigneur d'Irlande et duc d'Aquitaine, Guys, coens de Flandre et marquis de Namur, salut et bien aparillié à faire son plaisir selonc son pooir, si com drois est.

Très-chier sires, li très-grans griés et li annuis de cuer que je voi à mes iels, et que on me recorde ausi chascun jour, que li rois de France et se gent me font, me maine à chou que si souvent je envoie à vous, comme à chelui en qui après Diu j'ai souverainement fiance et espérance, se recouvrier doi avoir, qu'il me veinra par vous. Très-chiers sire, li grief, briefment à parler, sont teil que li rois de France et si gent ne me tiènent de riens la souffrance que vous fesistes, ains en vont chascun jour plainement encontre. Car, sire, par celle parole qui contenue est en le souffrance : *qui tient, il tient et doit tenir, la souffrance durant*, chil de me terre qui demoret me estoient, et qui avoec mi se sont tenu adiés et qui jusques à ores assés par raison paisivlement ont estei sour le leur, et joï dou leur, li rois leur a fait à chest aoust prendre tous leur biens que il avoient sour leur terres, et les demande trestous avoir par-devers lui, et dist que par-devers lui doit-il estre, et spéciaument les nos biens, en plusieurs lius. Chiers sires, sour ches griés et sour autres, mesire Gofrois de Genvile parla tout au connestable, par quoi jornée fu mise à Arras, là où li rois devoit envoier chevaliers, cognisçans en armes et sachans de droit de wière, et clers de droit, et nous autre teil. Sire, à chelle jornée, liquèle fu tenue le mardi des octaves de le Magdelaine, nous i envoiames chevaliers et clercs, car bien aviems fiance que, se raison vosissent rewarder li gent le roy, selonc le parole de le souffrance, que nos drois seroit sauf; mais, sire, che ne pot estre, car, comment que li

[1] Baume-les-Dames, près de Besançon.
[2] Archives de Rupelmonde. Les n°s 1008 et 809 doivent être réunis: ce sont deux parties d'une même lettre.

chevalier d'une part et d'autre se fuissent bien acordei, li acors ne pooit demorer; ains dist li connestables qu'il convenoit que li chose demorast, et fust ensi com il fist mettre en un escript, et ensi nous le presissiems se nous voliems; et se nous ne voliems, nous le laiscissiems; car on n'en feroit autre chose, fust tors, fust drois. Sire, et le escript teil com il le fist, nous le vous envoioms en cheste lettre enclos. Sire, et quand nos gens eurent veu chel escript, il en assaièrent s'il poroient en aucune manière venir à accord, se prisent priès en laiscant partir un grantment de no raison, fisent un autre escript et le présentèrent au connestable et as gens le roy par le conseil de monseigneur Jofroi : lequel escript, sire, nous vous envoioms en ces lettres ausi enclos. Mais, sire, chis escript ne leur pleut mie, ains disent adiés que autre chose ne nos en feroient. Certes, sire, ches paroles sont moult dures, et li fait sont moult greveus à nous et à no gent, et en perdons che tant de gens qui demorei nous estoient, et sommes en péril de plus perdre. Très-chier sire, avoec tous ches griés desusdis, nous sont venues moult dures nouvèles de Roume, qui moult nous ont esbahi et cheaus de no terre et tous nos amis. Sire, che est que li papes a prononchié pais entre vous et le roy de France, et par alliances de mariages, sans faire no pais avoec le vostre. Et puis que tels nouvèles furent venues à nous, les gens le roi nous ont assaiés et assaient tous les jours de emfraindre le souffrance, et nous saisiscent nos villes et ochient nos gens, et prendent leurs biens et as cans et ès moisons, et les eschevins de nos villes prendent et metent en prison et par peur et par distrainte de prison leur font jurer féautei au roy.

Certes, sire, sour che ne couvient-il mie que je maingtiègne moult de paroles d'escrire à vous, car, certes, je ne crerrai jà, ne onques ne créi que je ne doive trouver en vous confort et aiwe, et que adiés vo devoir ferés envers mi selonc les convenenches qui sont entre vous et mi. Et vous, très-chier sire, que par le miséricorde de Nostre-Sengneur, vous voelliés avoir compacion de mi et de men estat, et me voelliés comforter, comme chius en qui j'ai mis men estat et men honneur.

Chiers sire, et après che que ches choses chi desus furent escriptes, revint à nous nos chiers et foiables Walcran, sire de Montjoie et de Faukemont, qui revint du duc d'Ostriche, qui paisivlement est esleus cou roy d'Alemagne de trèstous les esliseurs entièrement, et a assis le jour de son couronement à Ays, le diemenche après le ... del mois d'aoust. Et nous a dit pour certain que li devantdis rois a très-grand volentei de faire allyance à vous par mariages, et en toutes autres bonnes manières, et à nous ausi, et monstre grand saplant de ces besoingnes entretenir, qui porteroient honneur et profis à vous et à nous, et ne maintient mie, sire, paroles que il ait volentei de prendre avanteige, ne bienfait de vous, ne de autrui, si com lidis sire de Faukemont nous a dit. Et sachiés, sire, qu'il a jà envoié à nous et à no neveu de Haynau, pour le discors qui est entre nous deus apaiser, et violt sans faille que pais i ait, et voet en toutes fins que nous soiems à son couronnement à Ais pour nous ensamble apaisier; car il violt en toutes manières que pais i soit.

Chiers sire, si vous requier et pric ke vous toutes ches choses voelliés considérer et rewarder pour vo honneur et le nostre, car il ne fu onques mais mius poins, et tant faire que Dius vous en sache gré, et nous en soioms à tousjours tenu à vous [1].

Les réponses d'Édouard Ier furent vagues, faibles, peu satisfaisantes [2]. Il se sentait d'autant moins porté à venir en aide à Gui de Dampierre qu'il le voyait plus faible et plus près de sa chute.

Les lettres que le comte de Flandre recevait de Rome n'étaient guère plus favorables. Celles que nous mettons sous les yeux de nos lecteurs embrassent les cinq mois qui s'écoulèrent depuis le 19 février 1298 (v. st.) jusqu'au 25 juillet 1299.

Très-chier sire, je ai atendu apriès le message dont les daraines lettres que vous me envoiastes, faisoient mention, et qui devoit hastéement venir apriès cèles, dont je me mervueil moult quant il n'est venus. Car li cardinal me demandent souvent nouvièles comment vos besoignes se portent en vo tière, et je ne leur en sai mie bien répondre : dont il me poise. Et ciertes, sire, li rois a si le court pervertie que à paines i a-il nul qui en apiert ose de li dire fors que loenge; mais cascuns connoist bien et seit que ce est li volenteis dou souverain. Chier sire, je me sui travailliés, et travaille encore à men pooir, à ce que aucun de vos priviléges fussent renouvelei, mais je n'en triuve mie teil faveur que je vauroie ou tans de ore. Chier sire, une lettre qui a estei moult demenée et débatue et empéechié et à grant paine et à..... délivrée, je le vos envoie. Et sachiés que des lettres que vous me mandastes que je empétrasse encontre l'évesque de Tierewane, il n'i avoit que une dont par droit on peust......... lettre de justice, et cèle fust faite, et en le audience contredite par le procureur l'évesque. Et à tant..... li besoingne que li papes mandast. ces lettres, et quant il les eut veues, il dist qu'il ne voloit mie que elles passassent, et les retint. Et dist qu'il voloit que li..... dou poursuivir ne courust mie contre vous, et que ce fust sans vo préjudice. Je requis et requier que nous en aions sour çou se bulle ; mais encore ne le puis-je avoir, ne ne sai se je le porai, pour le petit de faveur que vous trouveis orendroit en li. Et sour toutes aventures je ai fait protestation devant le auditeur des contredites, et en ai ses lettres. Chier sire, s'il vous plaist, envoiiés plus seurement à court, et lettres au pape et as cardenaus ; et, s'il n'i a secrés et il vous plaist, si m'en envoiiés les transcris, pour ce que, se il m'en demande, je puisse le matère poursivir. Nostre Sire soit warde de vous et vos doinst boine vie. Escrit à Lateran, le joesdi apriès Septuagesime [3].

Non-seulement l'influence de Philippe le Bel domine à la cour de

[1] Archives de Flandre à Lille.
[2] Voyez notamment la lettre imprimée dans le recueil des actes de Rymer, I, IV, p. 1.
[3] Archives de Flandre à Lille (19 février 1298, v. st.).

Rome, mais l'on voit aussi le comte de Hainaut profiter des malheurs de Gui de Dampierre pour revendiquer le comté de Flandre.

Très-chiers sire, je vos ai par pluseurs lettres fait savoir l'estat de le court et de vos besoingnes, liqués estoit assés petit mués au point que ces lettres furent faites, fors tant que je ai tant fait que, quant au point de ore, je ai empêchié le lettre que vos niés, mesire de Haynau, voloit empétrer contre vous. Et ai dit à monsigneur Gui et as aultres qui sont pour li en court, que, se il font tèle lettre passer, que j'empétrerai aussi en vo nom contre li sour toute le conté, et que je en ai commaudement[1]; mais pour ce ne le feroie-je mie, se vous ne me mandeis que vous voleis que je le fache, ou se messires, mesire Phelippes vos fius, ne le conseille. Mais je croi que pour le cremeur qu'il ont que je ne le fache, il se soefrent et soufferront de empétrer contre vous. Et si ai, chier sire, parlei au cardennal qui fu légas en Alemaigne, et de cui il se avoent qu'il geta le sentense dont il voelent empétrer confirmation, qui a dit que çou que il en fist fu à forche et par destrainte de peur et de manaches, et que, tantost comme il fu hors dou pooir le roi de Alemaigne et de ses gens, il les rapiela, et m'en a proumis à donneir lettre qu'il fu ensi fait. Et mestre Jehan de Pize, vos procurères, dist que vous en deviés avoir de le révocation lettres. Si m'en voeliés, chier sire, faire savoir et de ce et de toutes les aultres choses vo plaisir et vo volentei.

Chier sire, li portères de ces lettres est li varlés que messires, mesire de Nevers, retint à vallet, sicomme je vos ai autrefois escrit, et fu mesire Reniers de Pize ses oncles.

---

[1] Il faut entendre ceci en ce sens, que Gui de Dampierre menaçait Jean d'Avesnes de réclamer le comté de Hainaut, si celui-ci lui contestait le comté de Flandre. Jean d'Avesnes avait, en 1297, pris les armes des comtes de Flandre, et il espérait que Philippe le Bel révoquerait en sa faveur la sentence d'arbitrage de 1246. Aussi multiplia-t-il ses efforts, pendant plusieurs années, pour établir complètement la légitimité des droits héréditaires qui reposaient sur le mariage de Bouchard d'Avesnes et de Marguerite de Constantinople. A cette époque appartiennent plusieurs mémoires importants conservés aux archives de Lille. On lit dans un de ces mémoires : *Margareta, malo ducta consilio, maxime Johannis comitissae sororis suae, quae contra dictum Bouchardum maritum suum grande odium conceperat propter guerram, cum domino Willelmo de Domnapetra divertit et ivit, sibique Johannem et Balduinum filios suos deliberavit, quos ipse Willelmus in prisonia per decem annos vel circiter detinuit, et multa mala interim eis fecit, cum non haberent custodem vel defensorem.* Un autre mémoire, rédigé en français, porte ce qui suit : *S'aucuns disoit encontre les deux premiers enfans, k'il eust eu aucune défaute en mariage de monsigneur Bouchard et de la contesse Margherite, por çou que li dis mesires Bouchard fust soudiake, u eust en appert leust epistèle en églizes, u qu'il n'eust mie le devantdite contesse Margherite espousée solempnellement, s'est-il assavoir que devant le concile dou Latran avoient bien li soudiakes femes espouzées, et leur enfans loiaus, et pour tels tenus communément, et tout notorement à succession à toutes honors et à tous autres fais loiaus; si est assavoir que devant ledit concile nemie sans plus le soubdiake, mais li accolite lisoient boin communément les epistèles ès églyzes, et encore font.*

Sire, vous me mandastes par vos lettres que bien vos plaisoit que je li délivrasse reubes à deus saisons, et je l'ai fait de le Toussains prochainement passée et de ces Paskes. Et vous vausistes, chier sire, que je pourvéisse aussi monsigneur Estiène, le maistre huissier, si l'ai fait; mais à monsigneur Gile ne ai-je fait riens, pour ce que vous me mandastes par une lettre que vous me envoieriés un siergant à keval, qui aporteroit reubes et mailles; n'en aporta nules. Si en faites, sire, vo plaisir. Chier sire, il seroit besoins que vous escrivissiés au pape et as cardennaus en le manière que je vous ai autrefois escrit, et que une procurations me fust envoié nouvièle, et pour me signeurs tous vos enfants, et que li cours fust pourveue des despens qu'il convient faire; car ele se devoit partir le mardi après le date de ceste lettre, et aler en un très kétif liu et mausain, s'il est à savoir à Anagne, le cité dont li papes est nés. Chiers sire, Dius soit warde de vous et de quant que vous amés. Escrit à Roume, le merkedi après Paskes [1].

Une lettre de Jean de Menin, qui reproduit le récit d'une audience accordée par Boniface VIII le 15 juin 1299 à Anagni, présente la situation sous un aspect moins menaçant, mais à peine les paroles du pape ont-elles fait naitre quelques espérances qu'elles semblent s'évanouir.

Très-haus et très-nobles sires, jou Jehans de Menin, vos chevaliers, vous fach à savoir ke le jour ke je viench à Anaigne, c'est à savoir le semedi après le jour de le Trinitei, je parlai au pape par grant losir, et li fis vo requeste sour trois coses : l'une ke vous réusissiés me damoiselle vo fille; l'autre ke par recréance vous réusissiés monsegneur de Blanmont et les autres prisonniers selonc les convenances des triewes, le tierche k'il fesist ke on vous tenist les triewes et adrechier chou k'on avoit fait al encontre et rendre. Et li dis moult de raisons pourquoi on vous devoit chou faire, et pourquoi il i devoit entendre, et entre les autres ke, par sa requeste et par son conseil, vo enfant premiers pour vous, et vous après quant vous le seuistes, aviés mis vos besoignes sour lui, sauve vo honneur, vo estat et vo hyretage; et ke en ceste forme il l'avoit pris sour lui, et ke il avoit dit à vos enfants, quant il se partirent de lui, ke ces trois coses ke je li requeroie il feroit faire. Sires, quant il m'avoit moult bien oïst et par grant losir, il me respondi tout au commenchement, ke tout estoit vérités comme ke je li avoie dit : et comment ke je li dis ke li évesques de Vincenze, requis de par vous, avoit dit ke riens il ne li avoit kerkiet de vos besoignes, il dist ke li li avoit kerkiet k'il fesist tenir le triewe; et je croi, à chou ke je puis entendre, ke ce soit voirs ke en général il li avoit kerkiet, et non mie de vous en espécial; et pour chi il ne se veut mie meller de vous en espécial. Et toutevois me dist-on ke li évesques de Vincenze vous aime miels k'il ne fache le roy. Et li papes meismes me dist k'il est homs sans souspechon. Et parla li papes moult courtoisement de vous, et dist k'il feroit pour vous quant k'il porroit, et ke adiès en avoit esté en grant volenté, et estoit ore

[1] Archives de Flandre à Lille (22 avril 1299).

plus ke onques mais [1] : et me dist ke je li apportasse mes pétitions en escrit et vo désir, et il i metteroit volentiers consel. Le nuit Saint-Jehan, sire, au matin, je li apportai me pétition, et il le lieut tantost, et me respondi k'il se conselleroit sour che; et je cuidoie adonc très-bien besoignier et tost, parmi che ke je requeroie raison, et che k'il devoit faire, et parmi che k'il me reconnissoit en véritei tout che ke je li disoie, et parmi les bèles paroles k'il me disoit et le beau sanlant k'il me monstroit cl non de vous. Mais oncques puis je n'oï novièles de vos besoignes; je ne sai ke Dieu li mettera en cuer, mais je n'i ai mie si bonne espéranche ke je avoie au commencement, ne je ne sui mie aise de cuer : et le cause pourquoi li espéranche me faut, vous poés bien savoir, et vo enfant ki connoiscent le court. Et je le vous dirai, s'il plaist à Dieu et à vous, assés tost; car, en nulle manière, je ne le metterai en escrit. Et toutevois, sire, partout là où je envoie letres, mes paroles sunt de boin confort d'avoir boine délivrance pour vous, et tost. Mais, sire, à vous ne voel-je nulle riens céleir de vos besoignes et de mon cuer, si en parlerés avant, sire, à vos enfans, et là où boin vous sanlera : et bien porra avenir ke li besoigne vendra miels ke je n'espoire, et Diex le doinst. Et s'il est ensi, sire, ke je n'aie gracieuse délivrance pour vous, il n'est rien ou monde ke je li doie requerre, ne pour vous, ne pour autrui : ains me partirai à son congiet dou miels ke je porrai [2].

Rien n'est venu confirmer l'espoir qu'exprimait Jean de Menin. Il considère sa mission comme terminée et se prépare à quitter la cour pontificale troublée par l'évasion des Colonna.

Sire, des novièles de le court et dou pays de chà vous fache à savoir, ke cest venredi passei chil de le Columbe, ki tout ont perdu, et viles et castiaus, et tenoient par le commandement dou pape prison à une vile k'on apièle Tyble [3], s'en partirent, et furent encontré à tout grant gens d'armes près de Rome, et ne set-on mie en le court de certain k'il sunt devenus [4]. Et en est destourbés li papes, et se doute-on de grant tourble en pays. Le semedi, sire, devant le Saint-Pière et Saint-Pol, le roys d'Arragonne et li dus de Calabre et mesire Phelippes vos fils, et tout che ke li roys de Cecile a peu mettre, entrèrent en mer à Naples, et s'en vont vers Cecile, et Diex les wart. Et pour che, sir, mesire Phelippes n'eut pooir de partir dou pays, par quoi il fust venus à le court pour vous. Et si estoie-je alés dusques au pont de Cypraeu [5] pour aler parler à lui là où il estoit, vers Naples; mais il me prinst maladie, par quoi je ne peuch aler avant, et li envoiai en escrit les besoingnes pour lesquels vous m'aviés envoyet à court; et me retrais tout bèlement vers

---

[1] *Plus ke onques mais*, plus que jamais.
[2] Archives de Flandre à Lille.
[3] Tivoli?
[4] Voyez la chronique de Guillaume de Nangis, 1299.
[5] Ceprano, dans la terre de Labour.

Anaigne. En Lombardie, sire, a grant gherre, et avoit quant je i passai, entre le marchis de Montferrat, le marchis d'Eest et chaus d'Akremoene [1], de Pavie, de Corziaus [2] et de Novarre d'une part, et le capitaine et chiaus de Melanc [3] d'autre part; et leur aident chil de Boloigne et chil de Plasence par une partie de leur gent k'il ont envoyet à chiaus de Melaen. Sire, je sui à très-grant coust en court, et pour mi et pour mon segneur Michiel ki me dist k'il n'a nuls deniers, et je ne li puis mie fallir de che ke j'ai; et li pays i est très-durement chiers. Voelliés faire rewarder pour que je aie fin pour avoir deniers, et n'est nulle semaine ke nous ne sommes à L florins d'or et plus; car ja soit-il ke li florin soient chier en Flandres, pour le mosnoie ke ore i cuert, pour che ne valent-il nient plus en le court k'il solient faire passet a VII ans. Et je n'ai mie au jour de huy plus de trois cens florins. Et je n'ai pooir de là demorer, ne de partir de là-endroit, se vous ne me faites tost aidier. Sir, se je n'ai délivrance dou pape, dedens che ke vos messages revendra à mi, m'atente n'i vaudra plus, ne je n'i vous porrai porter nul pourfit jamais; et il m'en forra maisement partir, se vous ne m'envoyés vos lettres pendans ke vous me mandés ke je viègne à vous pour vos besoigne, là où il convient ke je soie en propre persone, et ke je lasse vo besoigne en le main mon segneur Michiel, vo capelain, ki bien i tient liu pour vous, pour ramentevoir et poursewir en avant. Si fache-on faire les lettres bien et ordenéement, s'il vous plaist k'on les fache; car pour mi ne pour autrui li papes ne fera fors che k'il voudra. Et sachiés, sir, ke il m'est griés d'estre en la court, et de despendre le vostre à si pau de proufit ke je vous i puis faire d'ore en avant; car je ne puis de vos besoignes ne hoster ne mettre, et tout iert à le volenteï dou pape. Sir, messire Guys de Henau, vos niés, est en court pour pourcachier aucune éveskiet ou aucune dignitei; et il n'est mie si warnis des deniers le roy de Franche, k'on disoit auwan en Flandre; car j'entench k'il a pour les mains où mettre, et fine encore assès . . . . de ses despens.

C'est au moment où la cause du comte de Flandre paraît à jamais perdue que l'on voit poindre les difficultés qui doivent séparer Boniface VIII du roi de France.

Philippe le Bel, qui a songé un instant à élever son frère Charles de Valois à l'Empire, traite avec Albert d'Autriche; mais Boniface VIII se plaint de cette alliance avec un prince dont il n'a pas approuvé l'élection, et les ambassadeurs flamands ne redoutent pas moins la confédération du roi d'Allemagne et du roi de France.

Chiers sir, li cardenal parolent moult bien pour vous tous, et deus espéciaus amis

---

[1] Crémone.
[2] Correggio.
[3] Milan.

SUR L'HISTOIRE DU XIIIe SIÈCLE.

avés-vous mon segneur Gérard de Parme et mon segneur Mathiu d'Expert [1], et si avés moult bien le grasse de le court; mais nuls n'a pooir fors li papes seulement. Sir, on devera à le Magdaleine à mon segneur Gérard de Parme cc florins, et à mon segneur Mathiu d'Expert, si comme j'entench, devoit-on c livres tournois par an, de trois années dont mesire Michiel a payet une année. Faites rewarder ke chil denier soient si payet ke che soit employet ke vous i metterés. Faites rewarder, sir, se il vous plaist, à le besoigne mon segneur Ponchart, et mesir Guydes [2], sir, demande moult mil florins k'il presta pour le crois Madame, cui Diex assoille, et ccccl florins encore dou prest k'il fist à mon segneur vo fil, quant il revient de Rome. Sir, vo ami de court, cardenal et autres, sunt moult liet, par l'amour de vous, de che ke li traitiés d'accord entre le roy d'Alemagne et le roy de France est faillis, et je en loe Dieu; et aussi en est li papes liés; mais je ne sais pour quoi. Et li papes ne veut mie k'on l'apièle roy, mais sans plus duc d'Oesteriche. Et j'ai grant désir, sire, ke je oïe vraies novièles ke li pais ne voise mie avant entre le roy de France et le roy d'Engleterre, et ke li roys d'Engleterre fache envers vous che k'il doit. Et je croi ke li pais ne se fera mie, par une parole ke li papes me dist; car il me dist, ke très-autan [3] il avoit rewardei, et encore le véoit-il bien, ke si grans descors, comme des deux roys et de vous, ne pourroient estre apaisiés, se che ne fust là où vous tout troe en vos personnes fussiés présent devant lui; et pour che ke avoit-il rewardei k'il trairoit en lieu convenavle pour che faire; mais au séjour qu'il fist autant à Rome, et espécialment pour les besoignes de eaus et de vous, dont il se traveilla adonc, maladie le prist, et il tout aviséement se traist en sus del er [4] dont il avoit estei nés, pour assaiier se il se porroit conduire en estrange pays; et les maladies l'ont puissedy [5] trop travailliet, et menet près dusques à le mort, ne encore n'est-il mie en point k'il se puist tirer hors dou pays, ne nuls ne li loe, et sans doute il est très-durement au-desous, et trop cangiés de che k'il fu quant nous partimes autan de Rome, ne nuls ne li promet k'il doit longhement vivre, ne k'il se doit jamais aidier dou cors. Moult me reconneut bien quant je viench devant lui, et parla privéement à mi et longhement, et dist k'il ne me convenist mie avoir apportei lettres de créance, car il savoit bien ke je venois de par vous. Et Diex doinst ke ses beaus sanlans et ses bonnes paroles, il met che à euvre al honneur et au pourfit de vous. Et Nostre Sire soit warde de vous, sir, en ame et en cors, et de tous chiaus ki bien vous voelent, et vous doinst joie de vos amis et de vos anemis. Chier sire, li rois de Arragon, li dus et mesire Phelippes vos fius et mout de boine gent ont jà pris tière en Sezile, et ont boine espéranche, si comme je enteng, de reconquerre tout le païs.

Ces lettres furent données à Anague, le joesdi apriès les octaves de saint Piere et saint Pol [6].

---

[1] Le cardinal Matthieu d'Aqua-Sparta.
[2] Gui Bardi. Voyez plus haut, p. 55.
[3] *Très-autan*, depuis longtemps.
[4] *Del er*, de l'air, du climat.
[5] Depuis lors.
[6] Archives de Flandre à Lille (9 juillet 1299).

Déjà dans la lettre précédente, Jean de Menin et Michel As Clokètes racontaient que le pape avait annoncé le dessein de quitter Rome pour citer à son tribunal les rois de France et d'Angleterre et le comte de Flandre. C'était à ses yeux le seul moyen de calmer les discordes de l'Europe. Mais il était si accablé par la vieillesse et les infirmités que ses forces trahissaient l'énergie de sa résolution, et l'air même de la ville d'Anagni où il était né n'avait pu les ranimer. Cependant, il réunit les cardinaux autour de lui et leur fit part de son projet en disant que s'il devait trouver la mort dans cette œuvre de paix et de réconciliation, il pensait ne pouvoir mieux mourir. Il avait appris avec peine que les affaires de Flandre ne recevaient aucune solution pacifique, et d'autres lettres lui faisaient connaître que Philippe le Bel, sourd à ses remontrances, poursuivait ses négociations avec le roi d'Allemagne.

Très-chiers sires, nous vous faisons savoir que le semmedi après le devenres [1] que H. de Weltre, nos messages que nous avons envoiié à vous par nos lettres, et à nos signeurs vos enfans et à pluseurs gens de vo conseil, se parti de nous à Anagne, nouvièles certaines vinrent de Sezile au pape tèles que li rois de Arragon, li prinches de Tarente, et Rogiers de Lorie, qui est amiraus de mer, et cil qui avoec eaus furent, se assenlèrent en mer as gens don Fédérich de Arragon et as Seziliens et as Genevois, qui avoec eaus estoient, et prisent xxII galées, et furent cil qui dedens estoient tout pris ou ochis, et si en escapèrent xvIII galées, esquèles Fédéris estoit; et si i eut-il de ceus de ces xvIII galées un grantment de mors, et li dus de Calabre et mesire Phelippe et li force de le chevalerie et de l'ost demorèrent en le tière de là, et pau ont pierdu cil de çà [2]. De çou a-on menei le semedi et le diemenche après les octaves St-Pierre et St-Pol, trop durement grant fieste à Anagne, et li papes en a eu si grant joie comme ons puet avoir. Et a en grant espéranche que li besoingne dou reconquerre le tière doie venir à bien. Ne onques puis on n'en a eu nouvièle qui fache à raconter. Et li papes a ordonnei et fait légat en Puille mon signeur Gérart de Parme, qui se partira de court le lundi après le Mazel : dont mout nos poise; car çou estoit li plus certaine aiwe et confors que nous aviens en court. Sire, le nuit de la Division des apostles [3], nous venismes devant le pape, et li requesismes délivranche de vos besoingnes, et il nos respondi qu'il en avoit ordonnei et kierkié à monsigneur Mathiu le Reus, qu'il en fesist lettres, et nos dist que nous en alissions à li. Et nous li demandasmes s'il li plaisoit que mesire Mathius nos défist le fourme de no

---

[1] Le devenres, le vendredi.
[2] Sur ce combat, voyez Guillaume de Nangis, éd. de M. Géraud, I, p. 310.
[3] 14 juillet 1299.

délivranche et l'estat de vos besoignes, et il nos respondit qu'il li plaisoit bien. Après nous alasmes à mon signeur Mathiu, et li desismes ensi; et il nos dist que les notes estoient jà faites, et qu'il ne nos diroit nient de no besoingne, dusques à donc qu'il l'aroit monstrée au pape, et l'endemain le devoit faire, çou qu'il n'avoit mie fait encore, quant ces lettres furent escrites, et si ne l'en ciessons de poursuiwir. Sire, nous créons certainement que mesire Mathius vos voet grant bien; mais, sire, on li met sus que ce est li plus lons et li plus tardius om[1] qui vive, et mainte besoingne a estei pierdue en se main par se longèche. Et li papes de autre part est mout lons quant il voet. Et nous cuidons orendroit que il vos fera boine délivranche de çou qu'il pora faire; mais de ciertain, sire, nous ne vos poons nule cose faire savoir encore, et adiès sommes en doute d'une grant alonge. Et on ne puet de nulle riens[2] haster mon signeur Mathiu, fors que ensi comme il li plaist. Et, sire, s'il vous plaist, remandeis-mi Jehan par vos lettres, car je ne vos puis plus faire en court, et bien pora avenir que jou Mikius revenrai avoec, se on voit que ce soit bien fait[3]. Sire, puis que çou que ci desus est contenu fu escrit, vinrent nouvièles certaines au pape, et lettres de par l'évesque de Vincence, et li cardinal mesmes aucun en eurent lettres, que li roy de Franche et de Engletière ont fait pais ensanle, et tout acordei et assenti à çou que li papes en ordena et pronuncha, présens leur messages . . . . à Roume. Et va li mariages avant dou roy de Engletière, et celi de sen fil fera-en selonc çou que li papes en a ordenei, quant li tans s'i afferra. Ne de vous, ne de vos païs, ne de cose que à vous touke, nule parole n'i avoit estei, si comme les lettres disoient. Et est li rois de Escoche, et ses fius délivré de la main le pape. Et nos sanle, à no petit sens, aussi fait-il à mout de gens, que li rois de Franche a mius aidié le roi d'Escoche, de cui onkes paroles ne fu, ne en le wière ne ès triuwes, que li rois de Engletière ne ait fait vous, qui en le wière et ès triuwes aveis estei, et parmi cui li rois de Engletière est venus à se pais. Et tantost apriès ces nouvièles, li papes manda les cardennaus et leur monstra ceste besoingne; et quant les lettres furent liutes, si dist li papes : « Signeur, vous véés que
» dou conte de Flandre riens n'est fait ne traitié, dont il nous poise; mais si Diu plaist,
» par autre voie nous li èderons et meterons tout le monde à pais. Et se nous poiêmes,
» nous trairiens volentiers delà les mons, non mie en le tière ne de l'un roi ne del autre,
» mais en le tière de no chier filz, le roi de Sezile, ou en nostre patrimoine nostre contei
» de Venise. Et se nous moriens en le voie, nous cuideriens bien morir. » Et, sire, tout
çou nos sanlent paroles encore. Sire, nous ne savons se li ordenanche de nos besoingnes, qui est commenchié ensi comme desus est dit, se cangera nient pour ces nouvièles. Sire, et encore avons-nous apris par mon signeur Mathiu de Eguesparse, le cardennal[4], le jour de

---

[1] *Om*, homme.

[2] *De nulle riens*, de nulle chose. Nous avons lu, p. 26, *sur toutes riens*, c'est-à-dire sur toutes choses.

[3] Par une déclaration donnée à Anagni, le 27 septembre 1299, Michel As Clokettes délégua ses pouvoirs à Gérard de Ferlin, Gilles As Clokettes, etc. Archives du conseil de Flandre à Gand.

[4] C'est encore le cardinal Matthieu d'Aqua-Sparta, nommé ailleurs le cardinal d'Expert.

le Division des apostles, que il avoit eu lettres que li message le roi de Alemaigne estoient à Paris pour traitier de acort au roi de Franche; et puis sont revenues autèles nouvièles que leur gent de leur grant conseil sont, à orendroit que ces lettres sont données, arrière au Noef-Chastel en Loraine, pour traitier et accordeir ensanle. De çou, sire, se nous l'osions dire par congiet, nous avons grant merveille que nous de vo estat ne savons riens, fors par estrangne gent, et sanle qu'il afferroit mius que li cardennal et vo ami le seussent de le voe partie, que çou qu'il nos en convient aprendre par eaus, se aucune chose i a qui vos sanle que à mandeir face.

Chiers sires, encore vos faisons-nous savoir que, quant jou Jehans de Menin ving en court, jou Mikius n'avoie ne deniers ne finauche, et estoie un grantment et sui encore kierkiés de grant dette. Si nos a convenu vivre et faire encore des dettes, que jou Jehan de Menin aportai en court. Et n'avons mie de coi nous puissons vivre plus de trois semaines après le jour que ces lettres sont données. Et nous quérons finance par tout et n'en poons nule trouver, si en sommes en grant ému : pour Diu, sire, si nos faites secourre, et tost, car li besoins en est très-grant. Mesire Gérars de Parme vos prie mout, sire, que vous aiiés les besoingnes le prévost de Bruges pour recommandées. Sire, Jésus-Cris soit warde de vous.

Donnei à Agnagne, l'endemain de le Mazel [1].

Le comte de Flandre répondit à Jean de Menin et à Michel As Clokettes, dans les premiers jours du mois d'août : il leur apprenait que la paix était faite entre Édouard Ier et Philippe le Bel, et qu'il ne lui restait plus d'autre refuge que la protection du pape.

Guys, coens de Flandres et marchis de Namur, à son cher et foiable chevalier, mon seigneur Jehan de Menin, salus et amour.

Nous vous faisons savoir que li évesques de Vincent a estei en France et en Angleterre, et sont les besoingnes jà si aprochiés que pais est entre les deus roys, et est fet li pais en Angleterre [2], et se font li mariage dou roi d'Engleterre et de son fil, et les a jurés li rois d'Angleterre et ses fiuls [3], et a estei Willaumes nos fiuls en Angleterre pour savoir le entente le roy, delquel il nous sanle que nous arons petit de confort, selonc che que comtiennent li respons; car il respont que adiès il fera vers nous che que il devera; lequel choze il ne nous monstre mie par oeuvres; car il est contraires à che qu'il dist en ses fais,

---

[1] Archives de Flandre à Lille (23 juillet 1299).

[2] Un traité de paix entre les rois de France et d'Angleterre avait été conclu à Montreuil, le 19 juin 1299. On y lit que : *L'évêque de Vincence passera en Angleterre, et signifiera audit roy d'Angleterre et à son fiz les choses acordées, lesqueux li roy et ses fiz sont tenu de jurer.* Rymer, I, III, p. 208.

[3] Le serment du roi d'Angleterre est du 14 juillet 1299. Rymer, I, III, p. 210.

SUR L'HISTOIRE DU XIIIe SIÈCLE.

si qu'il nous semble, et se voele fonder et fonde del tout sour le indulgence et sour le dispensation le pape; et d'endroit che que il nous doit, si com vous savés, de LX mil livres tous les ans [1], il ne nous en tient convenance nulle; ains entendons par aucuns de ses gens qu'il n'est à nous tenus de riens des LX mil livres, por che qu'il dist que triuwes ne sont mie weire; si que en toutes manières il nous desloit, et tout par les graces que li papes a faites à lui et au roy de France, si comme de dissimes et d'autres graces, lesquels sont del tout à nostre destruction. Et d'aultre part, por che que li rois d'Alemaigne voit que li rois de France et chius d'Engleterre ont si grand faveur au pape, si se doute-il, si que nous nos cremons moult, que il ne se doie mie alloier à nous, pour le doutance de lui, et trèstoutes ches tribulations naiscent de le court de Rome, que nous sommes si entreprins orendroit. Si n'est mie li papes qui doit tenir le liu Diu en terre et qui doit estre auctères de pais tels comme il deveroit, ains est auctères de guerre perpétuel, qui fin ne prendra mie : laquels chose nous ne cuidiems mie avoir déservi à ceste court, ne nous, ne nostre autecesseur, ne li maisons de Flandres. Pourquoi nous vous mandons que vous as cardinaus, là où vous verrés que bon est, en parolés et monstrés ches nostres grietés, si com vous sarés miels faire que nous ne vous savons escripre, et le faites autresi savoir Philippe nostre fil, auquel nous n'en escrisons mie, por che que vous lui dirés bien de par nous. Et sour che nous faites resavoir tantost che que vous loés à faire, et le créence le pape, che que vous en porés savoir, et des cardenaus. Et sachiés que nous avons grand mervelle de che que, puis que vous partistes de nous, nous n'oumes de vous nouvèles; et monstrés à Philippe, no fil, ches lettres, et lui dites que nous n'escrivons mie à lui, pour le péril des pertes de lettres, et lui dites ausi, de par nous, que il soit près de le court à chest nostre besoing et ne s'en partie. Et sachiés que, se li papes nous faut [2], nous sommes del tout au-desous; car nul espoir nous n'avons ès rois de Engleterre et d'Alemaigne. Si entendés diligamment quele li entente le pape est, et s'il avient que triuwes soient rallongiés, che sera no destructions, se on ne les nos tient miels que on n'ast fait jusques à ore. Et bien ariems besoing que nous le seusciemes et en fusciemes warni à tans. Si nos faites hastement resavoir che que vous arés entendu, et sans arrest, et monstrés ausi à mon seigneur Mikiel, no capelain, ches lettres et aiés sour tout avis ensamble [3].

L'évêque de Vicence, qui avait été chargé par le pape de présider à la conclusion du traité de paix entre Édouard Ier et Philippe le Bel, ne tarda pas à se rendre en Flandre [4], et tout porte à croire que ce fut à cette

---

[1] Par le traité du 7 janvier 1296 (v. st.), Édouard Ier s'était engagé à payer annuellement 60,000 livres tournois noirs au comte de Flandre, tant que durerait la guerre.

[2] *Nous faut*, nous manque.

[3] Archives de Flandre à Lille.

[4] L'évêque de Vicence avait reçu, le 14 juillet 1299, le serment d'Édouard Ier à Canterbury. Au mois d'août, il alla près de Chartres recevoir également celui de Philippe le Bel. Son voyage en

époque, et probablement de ses mains, que Gui de Dampierre reçut une bulle où Boniface VIII, attribuant sa rébellion à son orgueil, le pressait d'éloigner tout sujet de discordes avant la fin des trêves (elles expiraient le 6 janvier 1299, v. st.), s'il voulait laisser son héritage à sa postérité [1].

L'évêque de Vicence s'était arrêté à Bruges, qui était toujours au pouvoir des Français, et son premier soin avait été d'ordonner que la trêve fût observée [2], et que les prisonniers de la bataille de Furnes fussent relâchés, en donnant des otages, selon ce qui avait été convenu à Paris [3]; le comte était tenu de restituer les monnaies du roi qui avaient été saisies, et qui dorénavant auraient cours en Flandre, et sa propre monnaie devait être reçue, mais à une valeur réduite, en payement de ce qui était dû au roi. Au mois de décembre, l'évêque de Vicence assista à des conférences entre les députés du roi et ceux du comte, et voici en quels termes maître Bassan, Baissan où Barssien, qui avait, en qualité de *seigneur de loi*, accompagné Robert de Béthune à Rome, rendit compte de ce qui s'était passé au comte de Flandre :

> Très-chier sire, sachiés ke jou ai esté, aveuc vostre gent, duskes à semedi prochainement passé, pour tenir les journées devant le veske de Vincense, et bien sachiés ke sour plusur articles ke fort vous atouchent grant débat ait esté entre vostre gent et les gens le roy devant ledit veske et le conestauble de France, ki à cestui débat estoit et mout de paroles dittes par eulx et mesire Simon de Mellun, ki èrent mout à grant dammages de vous, et espécialement sour ce ke vous fesissiez batre monnoies en vostre terre, lequel cose il disissent vous ne peusiés nient faire, parce ke vous n'estiés mie en tenue ne en saisine de

Flandre n'eut lieu que trois mois plus tard. Le 15 novembre, Robert de Béthune lui écrivit pour s'excuser de ce qu'il ne pouvait pas se rendre au-devant de lui; *quod partes gallicanae neque nobis neque nostris ad praesens propter regiam potestatem sunt tutae*. Il terminait sa lettre par ces mots : *Scriptum apud Warnestun, oppidum combustum, die veneris post festum beati Martini hyemalis*. Vers la fin de juillet 1297, Charles de Valois avait saccagé la ville de Warneton, *et fu arse tout net*, dit une chronique manuscrite, *et ne demoura vile ne maison d'illueques dusques à Lille*.

[1] Martène, *Coll. ampl.*, I, col. 1303. On trouve aux archives du conseil de Flandre d'autres lettres pontificales du 21 juillet 1299. Boniface VIII y engage également Robert de Béthune à respecter la trêve conclue entre les rois de France et d'Angleterre.

[2] Plusieurs conférences relatives à la protection due au commerce avaient déjà eu lieu. Gui de Dampierre y était représenté par Jean de Bouchavesnes et Philippe de Maldeghem. Charte du 20 mars 1298 (v. st.). Archives du conseil de Flandre.

[3] Archives de Rupelmonde.

faire batre monnoie en vostre terre, lequel il disent k'il est del roiaulme de France, en tans de guerre et en tans de truwe, et pour ce disoient-il ke vostre monnoie en aucune manière ne doivent courre en le roiaulme de France, ne en la terre ke tient le roi de France en Flandre, et espécialment pour ce k'il dient ke vostre monnoie est fause. Et jou leur dis k'il ne fesissent mie grant honour au roi de France, ke par leur paroles il reconnussent ke le monoie le roi n'estoit mie boine, come ce fu cose ke vostre monnoie fu faite sour le piet leditte roi de France, et ke jou et nostre gent estièmes apparellié de faire assai au fu[1] d'une monoie et d'autre, et autrefois avons esté aveuc vostre monnoiers et avoec vostre monoie à certaines journées, ne onkes ne porrièmes aconvenir à faire assai, por coi, puis ke vous refusastes çou, il est bien samblant ke nostre monoie est si boine ou miudres ke le monoie dudit roi. Et de teile offerte et response sambla bien ke ledit veske se tient bien apaié. Et mout autres débas furent entre vostre gent et le roi, lequel jou ne porroie mie si bien escrire comme dire de paroles, mais toutesvois la fin fu tel k'il doivent rechevoir vostre monoie pour sisain denier parisis en paiement de çou k'on leur doit, et ke vostre monoie peut courre par toute le roiaulme de France sans arres faire, mais ke ele soit saelé d'autrui sael, fors de celui ki le porte, et ke il ne seroit overte le mail en lequel seroit laditte monoie, puis ke ele seroit trovée saelée. Et bien sachiés ke li bailliu du Dam a dit à moi ke cest seul point vous vexe en cest an à dis mil livres. Et sachiés ke argent en plait pooit-on porter à sa volenté, et celi ki vous a esté pris vous sera rendus, par l'estimation de LXV sols le marc; et vous devés rendre le monoie le roi ke vostre gent ont aresté et pris en vostre terre. Et pluseur autres coses sont acordé par ledit veske, lequel jou vous envoie le transcrit en ceste lettre enclos. Et encore sachiés, sire, ke li rechevères et jou avons ordené ke mesire Bauduin de Quadypre[2] doit aler au roi d'Engleterre, pour parler à li et aus gens le roi d'Almaigne de çou ke vous savés k'il a esté ordené, et l'enformation k'il doit dire a-il enporté en escrit, et doit movoir pour aler en Engleterre cest prochain deluns[3] à venir, et autel l'avons nous en forme de çou k'il doit dire as le roi d'Almaigne et au conte de Savoie. A DieX ki vous wart. Mandés moi votre volenté : jou sui pareillié de faire.

Donnéi à Gaut, le diemence après le jour Saint-Thumas. Encore sachiés k'il est ordené ke le commissions ki ont esté faites doivent déliverer entre chi et le Masdalaine : pour coi nous vous consaillons ke vous déliverés l'escolastre, par coi il peut déliverer les commissions des enquestes ke vous avés entre les mains, et autrement sachiés kil vous porra porter grant péril[4].

Gui de Dampierre s'était retiré au château de Rupelmonde[5]. Trahi

[1] Au feu.

[2] Baudouin de Quaetypre, dit le Jeune. C'est lui probablement que la lettre d'Édouard Ier du 17 mars 1299 (v. st.) nomme : Bauduin de Channe.

[3] Deluns, lundi.

[4] Archives de Rupelmonde, n° 1024 (27 décembre 1299).

[5] Dans une assemblée des députés du pays, tenue le 3 novembre 1299 à Audenarde, Gui de

par ses alliés, Édouard Ier et Albert d'Autriche, attaqué par son neveu le comte de Hainaut, abandonné même par ses petits-fils le duc de Brabant et le comte de Hollande, il avait remis son épée au sire de Moerseke : triste et suprême aveu de l'inutilité de sa résistance et de l'impuissance de ses efforts.

Rien n'est plus touchant que la lettre que Philippe de Thiette adressait à l'aîné de ses frères, le 11 novembre 1299, des plages lointaines de la Sicile :

> A très-haut homme et noble, mesire Robert, fils aisnez mon seigneur le conte de Flandre, seigneur de Béthune, son très-chier seigneur et frère, Philippes, ses frères, se recommande à li et apparillié à tous ses bons plaisirs.
>
> Chers sires, je receu voz lettres que vous m'envoiastes, et moult sui liez quant je entendi vostre bon estat, lequel Nostre Sires meinteigne en prospérité et en honeur. Et d'endroit de moi, chers sires, sachez que je m'estoie ordené de tout lessier por aller procurer les besoignes mon seigneur nostre père à court de Rome; si me fu conseillé, et dou roi et de mes autres seigneurs et amis par deçà, et les cardinaus meesmes le dirent à ses procureurs à court, que le pape seroit plus favorable aux besoignes, si je estoie à service de l'Église que se je fusse à court, et les en délivrerai plus tost que se je cuidasse qu'eles n'en dussent mieux valoir, je voussisse mieux estre à court por les procurer que là où je sui. Quar sachez, chers sires, que suis moult amolesté de cuer, tant por les besoignes devers vous, que ne sunt pas aleés, tant por la grante aventure et la grande confusion où certiens fumes, se Dex ne nous aide. Et Nostre Sire en face sa volenté en quel main nous fumes touz. Confortez-moi souvent, s'il vous plaît, de vostre bon estat, et me mandez toute votre volenté et sui........ appareillié de faire à men pooir. Et seellai ces lettres dou mien anel, por ce que je n'avoie mie avec moi nostre propre seel.

Et immédiatement après, Philippe de Thiette avait ajouté ces lignes, expression d'un vœu que l'avenir ne devait exaucer qu'à travers mille périls.

> Nostre Sire Dex face que je vous puisse enquores reveoir à joie! Et sachez, sire, que moult m'en goesse et en suis en grant languissour que je ne puis........ conseiller ès besoignes mon sire nostre père. Et se je voussisse estre demouré por les procurer, si comme je le porchaçai à men poer....... ou mieu lessier; mais je i retournerai le plus

Dampierre avait cédé le gouvernement à son fils aîné Robert de Béthune. Par une charte du mois de mars suivant, il déclara se contenter des revenus de Rupelmonde.

SUR L'HISTOIRE DU XIII° SIÈCLE.   71

tost que je porrai, por y mettre tout le conseil et toute l'aide que je porrai.......... droiz est. Et sachez, sire, que nous avons gagniés plusours bones viles et chasteaus en Secile à quelque meschief....... et avons espérance que tout le païs doit venir à commandement. Escriptes à Cataigne en Secile, à la Saint-Martin d'yver [1].

De l'autre côté des Alpes, une voix non moins triste s'élevait pour lui répondre : c'était celle de Robert de Béthune, qui annonçait aux ambassadeurs flamands à Rome, que les trèves étaient rompues et que Charles de Valois s'était déjà emparé de Douay, sans que rien pût résister à ses nombreux hommes d'armes.

Robertus, Flandriae comitis primogenitus, liberam tenens comitatus Flandrensis administrationem, Atrebatensis advocatus, Bethuniae ac Tenremondae dominus, dilectis et fidelibus suis dominis Johanni de Menin, militi et consiliario suo, ac Michaeli As Clokettes, capellano suo karissimo, salutem cum sincerae dilectionis affectu. Litteras, quas karissimo patri nostro et nobis scripsistis, vidimus diligenter, quibus consideratis, vobis scribimus quod finaliter procuretis quod summi pontificis amorem et gratiam ac cardinalium habeamus, et quod nobis assistant in tanto periculo in quo sumus, praecipue cum rex Franchiae et sui, contra prorogationem treugarum sanctissimi pontificis, terram Flandriae intraverint, pro destructione nostra et terrae nostrae, quod multum debet ipsum summum pontificem et cardinales movere, ex eo quod dictus rex, mandatis summi pontificis et romanae ecclesiae inobediens est ex toto, super qua inobedientia dicti regis et pluribus aliis per vos exponendis dicto summo pontifici, ad informationem vestram in quadam cedula plura articulatim hiis praesentibus litteris mittimus interclusa, super quibus cum summa diligentia apud summum pontificem insistatis, praecipue super eo quod sciamus in quo statu idem summus pontifex nos movere debere intendit, et quale remedium in praesenti et in instanti in factis nostris adhibere velit, et super praedictis dicto summo pontifici litteras scribimus, super quarum responsione instantissime insistere velitis, quarum litterarum transcriptum vobis mittimus similiter interclusum. Facta nostra apud summum pontificem et cardinales, sicut expedit, sollicite, de die in diem, cum omni diligentia procuretis, quia, sicut videre potestis, res in eo statu in quo nunc est, dilationem non recipit ullo modo absque totius status nostri subversione totali. De pecunia, pro qua nobis scripsistis, et de servitio, procuravimus et procurabimus toto posse; sed scitis quod ita cito non possumus facere quod voluimus, quia multas et diversas expensas pro terra nostra munienda et defendenda facere nos oportet; tamen vobis mittimus summam mille et quingentorum florinorum pro necessitatibus vestris et pensionibus cardinalium persolvendis, scituri quod, si rex treugas per dominum papam prorogatas observasset et in nos non insurrexisset vi armorum, summam vobis mississ-

[1] Archives de Flandre à Lille.

semus ampliorem, etiam ad servitium domino papae et cardinalibus faciendum, sed in munitionibus nostris tot et tanta apponere nos oportet, quod ad praesens ampliorem facere non valemus. Nova quae habebitis in curia et voluntatem papae, quam citius poteritis, nobis rescribatis; praeterea sciatis quod dominus Karolus, frater regis, die mercurii in festo Epiphaniae villam nostram Duacensem occupavit, treugis non obstantibus, prout plenius videbitis in cedula supra dicta, quod domino papae notificare curetis [1].

Charles de Valois, maître de Douay, s'avança vers Gand, suivi de 6,000 hommes d'armes. Nevele et d'autres riches villages furent livrés aux flammes, et le port de Damme tomba au pouvoir des Français, qui n'y trouvèrent qu'une vieille femme [2]. Tous les habitants, sachant que Philippe le Bel avait défendu de les recevoir à merci, avaient fui. Un fils du comte de Flandre, Guillaume de Dampierre, qui avait épousé la fille de Raoul de Nesle, les avait abandonnés pour se rendre près de Charles de Valois, et nous le voyons, peu après, arriver à Gand, afin d'engager son père à se remettre également entre les mains de Philippe le Bel. Un conseil, composé des amis les plus fidèles du vieux comte de Flandre, se réunit :

[1] Archives de Flandre à Lille.
[2] Gui de Namur était en ce moment à Ypres. Ce fut de cette ville qu'il adressa, le 3 mai, à Robert de Béthune, la lettre suivante, où d'amers reproches se mêlent au tableau de la triste situation de la Flandre :

De par Guion, vo frère.

Très-chiers sires, ce diemenche, jour de may, nous reclumes vos lettres par lesquelles vous nous mandastes que des nouvèles que nous oïssiens dou Dam nous n'en creussiens nient tressi adont que nous en eussieus chertaines nouvèles de vous, et le mardi, sires, après nous venimes en le hale pour avoir..... de certaines besognes dont nous avions parlé a aus, et nous les trovames, sire, mout desconfis, abaubis, dolans..... et nous leur demaudames pourquoi il estoient si tristes, et il nous respondirent qu'il en avoient bien matière, car li Dam estoit rendus, et il estoit ensi c'on disoit que jamais par force ne deust estre prise, et nous leur demandames se il chertainement savoient que il estoit rendus, et le manière, et il nous respondirent que nenil, et nous leur disimes que ainsi ne faisames-nous, et là nous monstrèrent-il que il avoient parlé bien à viiiᵉ de leur commun des plus soufflsans, et requis par foi et par serment l'estat d'aus et de tout le commun, de volenté et de pooir de vivre, ne comuent il porroient le vile soustenir, et nous ont dit, sire, que des viiiᵉ persones qu'il ont oï, sour le fourme devantdite,..... de xxx persones, tout sont à acort qu'il ne voient nul..... comment il se puissent sauver, s'il ne vient de vous et de vo confort. Et chou dit, sire, il requirent no conseil en foi et en loiauté, si come cil ki sont juré à nous, et nous à aus, que nous les voulissiens conseillier loiaument, selonc l'estat d'aus, dou païs et le vo, et sour chou, sire, nous nos consellames, et nous sanla pour le miex, selonc chou que nous ne savions nulle chertaineté dou Dam et dou païs, et, sire, li besogne nous sanla bien si grosse, que nous ne les peusions mie bien conseillier sans envoier à vous, et leur disimes que nous envoièmes à vous, et qu'il nous plairoit moult qu'il i envoiassent ausi leur chertain message, pour vous monstrer le besogne devantdite, ensi qu'il le nous avoient monstré, et il i envoient, sire, i de leur valés, pour le vous monstrer,

on y remarquait Jean de Menin, Geoffroi de Ransières, Gérard de Moor, les sires d'Audenarde, de Mortagne, de Nevele, de Roubaix, de Verbois, de Bondues. L'avis de Guillaume de Dampierre triompha, et Gui se dirigea vers la France par Tournay et Arras, sous la garde des comtes de Boulogne et de Sancerre. Gui arriva à Paris le 24 mai 1300. Retenu quelques jours au Châtelet, pendant les fêtes du mariage de Blanche, sœur du roi, avec le duc d'Autriche, il fut bientôt conduit à la tour de Compiègne : « Car le roi, dit la chronique à laquelle nous empruntons » ces détails, rewarda qu'il ne le voloit laissier si près de lui [1]. »

C'est au moment où la capitulation de Gand a complété la conquête de la Flandre, c'est au moment où Gui de Dampierre s'est livré lui-même à Charles de Valois, que l'alliance de Boniface VIII et de Philippe le Bel se rompt sans retour. Un traité, conclu à Vaucouleurs, entre le roi de France et Albert d'Autriche, dont le pape repousse les prétentions, a suffi pour amener ce résultat, que Gui de Dampierre a vainement espéré pendant si longtemps, et Boniface VIII, qui n'a plus rien à craindre ni des Colonna, ni de Frédéric d'Aragon, conçoit le double dessein de

---

si comme desoure est dit, si qu'il nous le donnèrent à entendre, et nous dient, sire, qu'il ne vous envoient nule lettre, mès à leur chertain message il kerkeront de bouche chou que il nous ont monstré, lequel nous mandons par ces lettres. Sire, en voelliés avoir boin conseil et hastieu, si que vous véés ou le besoigne le demande, et nous et aus en remander vo volenté, si comme il qui en loiauté s'en sont conseilliet à nous, et en requièrent vo conseil, comme de leur droiturier seigneur, qui sour toutes riens seroient dolant se il leur convenist de partir de vous. Et dient, sire, li eschevins que le défaute qu'il ont de bleis, de vins, ne d'autres warnisons, c'est tout par vous, pour chou que en tans de truwes il vous monstrèrent, et fisent monstrer souffisamment, plusieurs fois, que pour vous et pour vos gens fesissiés pourvéance en le vile souffisaroment, et chou, sire, n'a nient esté fait, et cil de le vile, sire, ont tous pris exemple à vous dans nient pourvoir. Et vous requisent aussi que vous vos pourveissiez de gens à armes, pour aus aidier et le vile, et vous ne l'aviez mie fait, dont il retournent tout le coupe sour vous. Et au repair, sire, de le hale, li chevalier et li gentilhomme, qui sont avoec nous à Ypre, vinrent à le sale, et li uns d'aus nous monstra lettre, en le présence de tous, que aucun de ses amis li avoit envoiés, et estoit contenus en le lettre que li Dam estoit rendus, messires d'Axseles, ses fix, messires Ghérardes le Mor, Alart dou Bardelar et plusieurs autres dou païs, et que cil d'Erdenbourgh avoient respit d'aus rendre dusques à lendemain dou jour de may, et que il se venissent rendre devans joesdi ou se non on ne les recheveroit jamais, et nons en requisent no conseil, et nous leur loames qu'il en envoiassent à vous, et il envoient et nous prièrent qu'il nous plut ausi d'i envoier. Si vous prions, sire, que vous leur laissiés savoir chou que vo autre homme ont fait, et chou que vous volés qu'il facent, et ce par vos lettres. Et d'endroit, sire, des besoignes dou Dam et dou païs c'on viult dire en nos parties..... pour merveilleus mout, que vous ne nous en avés riens fait savoir, ne à vos bonnes gens de le vile, car cascuns en vient parler à nous, et nous n'en savons nient parler. Et sour toutes ces chose nous voelliés, sire, faire chertain, et remander vo plaisir, et voelliés, sire, croire Willaume le Pisson de chou qu'il vous dira de bouke. Nostre Sire vous wart. Escrit le tiers jour de may. (*Archives du conseil de Flandre.*)

[1] MS. de la Bibliothèque de Bourgogne, à Bruxelles.

protéger l'Empire contre l'Empereur, et de châtier le roi de France en même temps que l'Empereur.

Les ambassadeurs flamands à Rome comprirent admirablement la situation des choses : prenant l'initiative de la grande lutte qui se préparait, ils invoquèrent les droits de la Flandre opprimée, comme le champ le plus noble et le plus légitime où la souveraineté pontificale, réunissant le pouvoir temporel au pouvoir spirituel, pût combattre les injustices et les usurpations du roi de France. Le mémoire qu'ils soumirent au pape dans ce but est l'un des documents inédits qui répandent le plus de lumières sur l'histoire des dernières années du pontificat de Boniface VIII.

In Dei nomine amen. Quia longum esset et nimium gravaret benignas aures, narrare injurias et gravamina multiplicia et eorum inaudita, illata indebite magnifico domino comiti Flandriae et comitatui, terrae et hominibus suis per illustrem regem Franciae et gentes suas, factum summatim perstringitur, super quo, per pietatem beatissimi patris, imploratur pro parte comitis remedium opportunum apponi, et, siquidem quasi jam, proh dolor, per cuncta christianorum climata notum quod idem rex, in laesionem comitis, ipsum aliquando invitum, facultate libera discedendi non data, inrationabiliter detinuit, et etiam filiam suam nubilem quam detinuit invitam, hactenus et injuste detinet, discedendi et nubendi facultate adempta; etiam in comitatum et terras et homines ipsius intulit, per se et suos, injurias intollerabiles atque dampna, comitatum sane ipsum hostiliter, cum numerabili multitudine et undique coacto exercitu, invasit, terras plures obsedit, ipsas et etiam per violentiam occupavit; haereditatis etiam spoliavit proventum, etiam quod .... divitiae fuerunt cum .... plurimis et eodem incendio exustae, et .... caedes clericorum, religiosorum et laicorum .... et crudelissimae .... virginum et sanctimonialium, imparabiliter sunt secutae vastationes et depopulationes bonorum et rerum hominum ipsius comitatus, patratae quasi usque ad exanimationem comitatus ipsius : quae attemptata sunt, ut plurimum, et post et contra appellationem ad hanc sanctam sedem pro parte comitis legitime interjectam; post et contra quam appellationem idem dominus rex, in contemptum hujus sedis, procuravit per dominos Remensem et Silvanectensem episcopos, sine rationabili causa, terram ipsius comitis supponi ecclesiastico interdicto, et ipsum et sibi adhaerentes de facto excommunicari, et fuit pro parte dicti comitis iterato appellatum ad sedem eandem. Insuper, et quod obstinatius, etiam post et contra treugas et sufferantias inter ipsum regem Franciae et illustrem regem Angliae, pro se et eorum confoederatis, initas, et per utrumque regem sollempniter juratas, et per sanctitatem domini nostri more arbitrario confirmatas et approbatas, et ipsis durantibus, contra ipsum comitem confoederatum regis Angliae et terram suam et homines, idem dominus rex Franciae, ipsas treugas, contra sacramentum regale, violando, multa dampna et injurias irrogavit; super quibus et aliis multis gravaminibus et ea contingentibus supplicat idem comes, per summum pontificem, apud sedem apostolicam, contra dictum regem Franciae sibi judicium et misericordiam exhiberi.

Quod autem sanctissimus pater pontifex sit judex in praemissis competens, et non alius, et comes necessario habeat in hac parte adire ejus examen, probatur per infrascripta.

Et primo, quia idem summus pontifex judex est omnium, tam in spiritualibus quam in temporalibus, inter illos qui alios habent judices seculares. Est enim Christi omnipotentis vicarius, ut extra. *de translatione praelati*, c. quarto, et adeo plena est sibi hujusmodi vicaria commissa, quae explicite et expressim commissa est suis successoribus in persona Petri; idem est successor per omnia jura terreni et coelestis imperii, *quodcumque ligaverit*, et caetera, XXII. di. I. q. XL. di. I. et juxta illud : *ecce duo gladii hi*, etc., et juxta illud : *constitui te super gentes*, etc., ut c. *sol*. Et quamvis reges temporalem exerceant jurisdictionem, et subditi sint regi tanquam praecellenti, et ducibus ab eo missis, hoc tamen datum est a Petro, et concessum a Deo, summo principe, cujus Dei, non puri hominis, ipse pontifex vices gerit in terris ut d. c. *sol.*; et sic, cum omnis potestas a domino Deo sit, apparet quod jurisdictio quorumlibet, tam temporalium quam spiritualium, sibi sicut soli vicario ejus, plenarie sit data, et sicut dominus papa non perdit ordinariam jurisdictionem, si praelaturam ecclesiasticam committit alicubi, sed adiri potest per simplicem querelam, ab omnibus, ut dicunt jura, sicut et in aliis potestatibus erit, quia ab ipso sunt, quia, sive lex dat haereditatem, sive datam approbat, dare videtur, ff. *de vera signi.*, l. *obvenire*, et ff. *de jure communi*, III. l. juxta illud divinum, *per me reges regnant*, etc., c. *de s. tibi inter cl.* De hac summa et plenissima potestate, quia resideat in summo pontifice, nulla debet esse dubitatio apud quoscumque fideles.

Secunda ratio est quod contra illos qui judices non cognoscunt, sine haesitatione aliqua erit judex summus pontifex, unde imperatorem, quo nullus inter principes seculares est superior, judicat et deponit summus pontifex ut extra. *de. re. judi.* c. *ad apostolic.* et *de judiciis*, c. *novit* et *de majo. et obedi.* c. *sol..* Rex etiam Franciae, qui nullum superiorem recognoscit, ut dicitur extra. *qui f. sint* .... per venerabilem tamen pontificem judicatur et deponitur propter demerita. XV. q. II. *alius*. Et ideo de Romano pontifice dictum est : *constitui te super gentes et regna*, et judicem eum esse oportet ita super magnum sicut super parvum, et aliquis potest esse accefalus qui non supra se judicem habeat constitutum, ut in d. c. *novit.* : alias perirent jura et justitia, si non esset qui ea redderet, ff. *de. ori. jur.* l. II. §§ *et originem*.

Tertia ratio est quod, ante illationem hujusmodi injuriarum et dampnorum, vel saltem plerumque ipsorum, et postea, fuit pro parte dicti comitis ad hanc sedem legitime appellatum. Et quod etiam ratione appellationis dominus noster sit in hiis judex, constat de jure quia omnis oppressus libere appellare potest ad Romanam sedem, ut II. q. VI. c. *omnis oppressus*, et c. *ad Romanam ecclesiam omnes oppressi*, et est hoc verum de clericis et laicis, maxime cum deficit judex, ut extra. *de foro competenti*, c. *licet*. Deficit autem in proposito judex, quia rex superiorem non cognoscit, ut dixi supra de hoc, no. pr. no. dec. *omnis oppressus.*

Quarta ratio est, quia notorie et patenter peccavit rex Franciae in comitem, propter praemissa, et notum est quod ad summum pontificem spectat quemlibet corripere de peccato, ut in c. *novit,* et ipse requisivit et requiri fecit comes regem quod emendaret injurias, et nichilominus, tanquam manifesta et notoria, potest summus pontifex facere emendari, ut no. domini Innocentii, in c. *novit,* absque ammonitione partis, quia in notoriis non est ordo juris usquequaque servandus, ut extra. *de jur. jur.*

Quinta ratio est propter sacrilegium commissum in exustione ecclesiarum, occisione clericorum et religiosorum, quod crimen ecclesiasticum est, et coram judice ecclesiastico debet tractari, xv. q. i. c. in canonibus extra. *de foro comp.* c. *consistit,* et sic generaliter ibi. no. et xi. q. in c. canonico, et xvii. q. iiii. *omnes ecclesiae,* et extra. *de summa excommunicationis* c. *conquesti,* praeterea quod pro filia comitis detenta specialiter est implorandum judicium ecclesiasticum, ratione pietatis et libertatis cui favent jura; enim quilibet potest petere ut liberetur homo captus, ff. *de libero homine,* l. iii. § *omnibus sit,* et judicium est ecclesiastici judicis de hoc, ut c. *de epi. audi.,* l. *christianos,* et *de episcopis et clericis, si liberi captivi,* et extra. *de arbitriis* c. *exposita,* et maxime, si nubere intendat, ponenda est in loco tuto et securo, ne per timorem dicat sibi placere quod odit, extra. *de spons.* et *de procuratoribus* accedit et facit ff. *de pet. haered.* l. *haereditatis.*

Sexta ratio est quia, antea quam ad tot et tanta illicita procederet dominus rex contra comitem, et incepisset domino comiti injuriari et super ipso comitatu, comes requisivit sibi per regem concedi judicium parium, quod in hoc erat competens, quod idem rex sibi facere denegavit, pluries requisitus, et licet aliquando promisisset servare justitiam per judicium parium, tamen ad ultimum id ei denegavit, et ideo successit justitia ecclesiastica, et ipse rex, jure quod habebat in comitatu, ratione feodi, fuit privatus, ut extra. *de foro compet.* c. *licet,* et c. *exteriore,* et *in usi. fe. si. de. fe. contraria ferentur,* c. *domino committente et qualiter dominus prope fe. p. c. i.* cum multis similibus, nec potest dominus rex dicere se judicem super hiis, qui in causa sua judex esse non potest, ut c. *ne quis in sua causa, in rubro et nigro* [1], et maxime cum agatur vel agi intendatur de suis excessibus, et maxime etiam cum notorie in hac causa esset judex suspectissimus, ut pote qui comiti est notorius persecutor et hostis, et qui nequaquam incorrupti judicis posset nomen proferre, ut extra. *de ap.* c. *cum speciali,* et c. *de asse* l. f.

Imploratur etiam judicium contra regem et suos, qui hiis durantibus treugis multa in eumdem comitem et terram suam injuriose fecerunt, quam treugam facta pace rex forte dicet non durasse; sed quod duraverit treuga, etiam postquam pax inter reges fuit, constat per terminum, qui terminus adhuc durat, et quod dominus noster possit proce-

[1] *Nus sires ne doit estre juges, ne dire droit en sa propre querelz, selonc droit escrit en code, ne quis in sua causa judicet, en la loy qui commence* unica, *el rouge et el noir.* Établissements de saint Louis, II, 27.

dere contra regem,.... tum quia treugas praemissas juratas a se constat, tum quia fides etiam hosti servanda est, tum propter religionem sacramenti, propter quod judicium est ecclesiae, extra. *de tra. et pa. c. 1. xxii. q. iiii, c. invocans* et xxiii. q. vi. c. *noli extimare*, et extra. *de electione*, c. *venerabilem*, et *de foro compet. et clericis laicos* domini Bonefacii papae VIII; praeterea rex non solum tenetur ad emendam dampnorum quae comiti intulit post treugas, ipsis durantibus, sed incidit in poenam in compromisso appositam, quia laudem domini nostri non servarit [1], et est judex tum rationibus supradictis ad rationem contractus, vel quia hic in curia (ff. *de judiciis*. l. *omnem*. extra. *de foro compet*. c. f. et c. *Romanam* § *contrahentes apud sedem istam*) fuerunt ista compromissa praemissa et laudata, nec dicat dominus rex quod treugae fuerint finitae pacifice inter reges, quia illud posset habere locum quoad reges, sed quoad confoederantes, praesertim qui fuerint nominati in treugis, ut sunt comes Flandriae et comitatus suus, donec pacificatum esset cum rege, adhuc durant, quia jus erat quod.... per expressionem.... per factum regis Angliae non potuit sibi tolli, ff. *de pace*. l. f. *cum multis*. Praeterea forma treugarum seu sufferentiarum juratarum hoc habet explicite quod inter reges et confoederantes, utrum de guerra ecclesiae ducatus Aquitanniae, item comitatus Flandriae, essent de regno ad regnum, de terra ad terram, de gente ad gentem, etc. [2]. Et ideo a nobis sic juratis non licet recedere, cum papae soli liceat de juramento judicare, et interpretationem facere, ff. *admin*. l. *imperatores*, et in c. *venerabilem*. iii. f. et facit pr. ab. c. *Innocentes*, ibi *sacramenti religione*, etc. Quod autem possit dominus noster tempus treugarum prorogare vel compellere ad prorogandum, probatur, quia potestatem habet ex forma reservationis quam sibi fecit, ut apparet ex forma, quia reservavit sibi addere et minuere, et semel et pluries laudare, etc., ut ff. *de arbitrio, et lex expens*. l. *terminato*, iii. f. c. Potest et de jure, etsi hoc non haberet ex arbitraria potestate, cum videat tantam et sic displicentem discordiam inter regem et comitem, unde possit in posterum guerra subscitari, et inter reges maxime, quod non sit credibile quod dominus rex Angliae possit vel debeat tolerare comitem, cui fide data defensionem promisit, totaliter per dominum regem Franciae conculcari. Ne videatur dominus dissimulando ipsi favere, potest compellere ad treugas competentes prorogandas, ut extra. *de judicio* c. *novit. in fine*. Similariter dominus noster posset regem Franciae compellere ad pacem cum comite, videtur indubitanter, quod sic per dictum c. *novit*. hoc idem facit imperator, quia pacem indicit subjectis, ut *in usibus, de pace tenenda*. q. c., immo et mandat hiis qui regunt pro inimicis, quod provideatur ne populi civitatum aliis guerram seu subjectionem faciant, sed omnino habeant pacem *in aut. d. principium c. de in. et ff. de offi. praesid. l. congruit*, hoc dicit ff. *de us*. l. *aequissimum*, praetor prohibet et cohibet sua jurisdictione ne aliqui veniant ad arma et rixas. Hoc docuit semper

---

[1] C'est-à-dire : parce que le roi a manqué de respect au pape, en n'observant pas la trêve qu'il avait confirmée.

[2] *Tant pur le duchié d'Aquitaigne que de la conté de Flandres, de royaume à royaume, de terre à terre, de gent à gent.* Trêve du 9 octobre 1297. Rymer, I, III, p. 191.

ille summus magister, et verbo et opere, qui semper dicebat : *Pax vobis, pacem meam do vobis, pacem relinquo vobis,* quae verba sunt attendenda, quia mandatum important, quod exequendum est per vicarium, et hujusmodi haereditas relicta non est refutanda, nec negligenda, sed manutenenda et approbanda.

Praedicta colligit scribentis inscitia secundum sui modicitatem intellectus, cum ubi viget apex, ubi omnis perfecta in pectore condita peritia, ubi omnis potestas et omne pastorale officium, ubi summa pietas et clementia est, inter jus et aequitatem interpretatio clementius et subtilius consideretur, et pro filio semper devotissimo ecclesiae, comite Flandriae, exposito nequiter ad ruinam, celere capiat et ponat opportunum consilium pii patris potestas [1].

Une lettre écrite par les ambassadeurs flamands dans les premiers jours du mois de janvier 1299 (v. st.), nous apprend comment fut accueillie cette déclaration solennelle où l'on invoquait l'autorité pontificale placée par Dieu au-dessus de toutes les nations et armée des deux glaives trouvés à la montagne des Oliviers, c'est-à-dire de la puissance spirituelle et de la puissance temporelle, non-seulement comme l'unique refuge des opprimés contre les princes qui ne reconnaissaient aucun juge au-dessus d'eux, mais aussi comme le pouvoir suprême investi du droit de déposer le roi de France et l'empereur.

Très-chiers sires, nous vous avons, par pluseurs lettres et par pluseurs messages, escript et fait savoir l'estat de vos besongnes pour quoy nous sommes à Rome de par vous, et atendons et avons attendut piécha de savoir vo volentei, sans lequele nous ne pooins ne ne savoins aler ne avant ne arrière de vos besoignes; et de che poés vous bien iestre certains, se vous ne rewardeis et faites rewarder les lettres ke nous vous avoiens envoiés puis le Saint-Remy en encha, et tant de tans a passei puis ke vous aveis recheuwes les lettres. Or, pluseurs de ces ke au tans de ches présentes lettres furent faites, nous en deussiens bien avoir sceut autre chose. Et d'autre part, sire, nous vous avons adiès fait savoir le grand besoing et le destroit où nous sommes de nos pourvéances. Et de tout ce, sire, nous n'oons nulle nouvièle. Nous n'osons mie dire, sire, ke nuls n'a cure des besoingnes ne de nous par dechà; mais nous avoins grant peur ke vous n'ayés essoigne, dont Dius

---

[1] Copie conservée aux archives de Rupelmonde, n° 1025. On lit à la dernière ligne : *Haec scriptura data est die martis post diem nativitatis Domini.* Cette copie fort défectueuse semble la reproduction d'un texte dicté à un scribe inattentif ou ignorant, et bien que j'y aie corrigé les erreurs les plus grossières, je suis loin de me flatter d'être arrivé à une reproduction aussi correcte que celle des autres pièces, collationnées, d'après les sources originales, avec autant de soin que d'obligeance, à Lille par M. Le Glay, à Gand par M. Van der Meersch.

vous deffende, qui trop scroit grande à che ke ele vous empechât à faire savoir à nous vo volentei sour les choses deseuredittes. Ou nous doutons, se vous aveis à nous envoiiés messages, k'il ne soient pris ou mort, ensi comme il est autrefois avenut. Et, sire, nous attenderons dusques à Paskes, se vous, sire, ne nous en remandés chi en dedens. Et de che et d'autres coses nous avoins envoiés nos lettres à vous et à mon signeur vo fil par Ghiselin de Locres et par Marischal, qui se partirent de nous le diemence après le xiij° jour dou Noël, auquel xiij° jour [1] messire Mathius de Aighesparte preecha en apiert, devant le pape et les cardinaus et devans tous, en l'église Sainct-Jehan de Latran, que li pape tous seus est sire souvcrains temporeus et spirituels deseure tous, quelque il soient, ou liu de Diu, par le don ke Dius en fist à saint Pierre, et as apostoles après lui. Et quiconques se voet encontre ce deffendre, par exemption ne par cose nulle, quelque il soit ne comme grans, saincte Église puet aler encontre lui, si comme encontre mescréant, par l'espée temporel et spirituel, del autoritei et dou pooir de Diu. Et ches paroles sont bien pour le premier aiwe de vos raisons ki sont données au pape, dont nous vous avons envoiet autrefois les transcris. Joesdi ore que passa dairainement, nous parlames au pape, et luy ramenteumes vo besoingne, et li desimes ke vous estiés en wière ouverte, et par le roy. Li papes respondi k'il en estoit bien ramenteus, et k'il attendoit message prochainement, et ke sour ce il s'aviseroit, et nous responderoit assés tost. Et dist qu'il vooit bien que li rois usoit de mauvais conseil, et ce pesoit au pape; aujourdewy, sire, li pape a fait (sire, c'est le samedi après le vintisme jour) li pape a fait archevesque de Trièves de frère Thétier [2], jadis frère au roy Adoulf, ki fu rois d'Allemagne, et dist-on, et nous le tenoins pour certain, ke li acors et amistei ki est faite entre les rois d'Allemagne et de Franche lui desplaist, et ke pour mal dou roy d'Allemagne il a fait cest archevesque, et ke li li pourcacera empeecement ou emcombrier, s'il puet, et que, se aucuns lui fasoit emcombrier, li pape en seroit bien lies et li église de Roume, et bien leur sanle ke il et li rois de Franche voellent tout esbranler. Chiers sire, souviègne-vous, s'il vous plaist, de vos besoignes par dechà et de nous, et Nostre Sires ne vous ouvli, et soit warde de vous et de tous cheaus ki bien vous voelent. Sire, nous n'escrivoins à autruy ke à vous. Vous fereis savoir avant vo volentei là où il vous plera. Ches lettres furent données à Roume, au Lateran le samedy devantdit.

Chers sires, autèles lettres vous envoions-nous par monsigneur Willaume de Jullers, le prévos de Treit [3], vo neuveu, ki les vous apportera ou envoiera par avanture avant, car nous entendons k'il doit à Boulogne demorer escoliers. Sire, nous avons entendut, et tenons pour véritei, ke li pape a faict réservation de faire archevesque à Coulogne et à Mayence, et ke li liu seront vaghe plutost que on ne quide, et ke li pape i mettera personnes dont il se pora aidier contre le roy d'Allemagne; mais il ne treuve mie personnes bien appareillié; car il n'y mettera nul del acort le roy d'Allemagne, ne dou roy de France, ne d'Engletierre, ne Lombart; anchois vorra querre personnes poissans dou pays, qui

[1] 6 janvier 1299 (v. st.).
[2] Dither de Nassau, archevêque de Trèves, de 1300 à 1307.
[3] Guillaume de Juliers, prévôt de Maestricht.

puissent et doient estre contraire au roy d'Allemagne, dont il porra bien avenir que vos niés venist al une de ches dignitez par l'aiuwe de vous, de vos amis et des siens, s'il est bien maintenus en escole, et, ensi ke on devera, on ne fera mie morir les archevesques, mais li pape en fera bien ordener par qoi li liu seront vaghe. Ches choses créons-nous ensi, mais nous ne savons de certain comment il en avenra. Et messire Guis de Haynaut, vos niés, eust eu l'archeveké de Trièves, ensi comme nous l'entendons de certain, se ne fust li alliances ke ses frères a au roy de France [1].

Bientôt le discours du cardinal d'Aqua-Sparta reçut une éclatante sanction. Le pape parut au milieu du grand jubilé de l'an 1300 avec les doubles insignes de l'autorité spirituelle et temporelle, et répétant à haute voix : *Ecce duo gladii; hic vides, o Petre, successorem tuum; tu, salutifer Christe, cerne tuum vicarium.* Toute l'Europe était accourue à Rome, et le nombre des pèlerins qui se pressaient aux portes des saintes basiliques avait effacé les plus pompeux souvenirs de la cité, deux fois reine du monde. C'était à la fois la manifestation d'un immense enthousiasme religieux et la manifestation de la puissance dont l'autorité pontificale restait armée aux yeux des peuples.

[1] 17 janvier 1299 (v. st.). Archives de Lille. Je place ici en note une lettre bien moins importante de Gérard de Ferlin. Elle est du 3 mars 1299 (v. st.), et complète la série des documents adressés de Rome au comte de Flandre :

Venerabili et karissimo socio suo J. Makiello, clerico illustrissimi domini Guidonis, comitis Flandrie et marchionis Namurcensis, ex parte sui Gerardi, capellani ejusdem domini.

Karissime, noveritis quod ego cum rebus et familia, feria secunda ante Mathiam, veni ad curiam sanus et incolumis, quod de vobis scire desidero cum affectu; feria autem sexta sequenti, AEgidius, nepos vester, ad regem et alios, ad quos litteras deportabat, iter arripuit apud Neapolim, quamcitius se facultas obtulerit reversurus, et de rebus domini, prout necessitas exegerit, provisurus. Ego autem feria quarta sequenti ad dictum regem iter arripui, per eamdem Neapolym transiturus, et, si dictus AEgidius consilio indigeat, ipsi tanquam fratri meo quae sibi fuerint necessaria ministrabo; de hoc autem quod dominus meus Johanni de Villamarci demandavit, quod dicto AEgidio in sibi necessariis provideret, vobis dico quod idem Johannes michi et dicto AEgidio breviter respondit et praecise, quod de hiis quae ad dominum pertinebant satisfecit competenter, nec aliquid penes ipsum remanserat per quod dicto AEgidio posset multum in expensis seu custibus subvenire, et de hoc paratus est fidem facere, sicut dicit : verumptamen dicto AEgidio in recessu suo sex florinos dedit aureos pro expensis, et quicquid sibi foret necessarium ulterius protulit se daturum. Et idem Johannes mecum vadit in Appuliam, et per dictum AEgidium transitum faciemus, nec de ipso dubitetis quam bene et sufficienter eidem sit provisum. Nova vobis aliqua nescio nuntiare, nisi ea quae per litteras quas mitto ad dominum perpendere poteritis, et quod dominus papa durissimus est omnibus in gratiis faciendis. Rogo vos confidenter quatenus de fratre meo cogitetis, et michi statum vestrum et domini nostri de Marbasio (*) et voluntatem vestram cum fiducia remandetis, scientes quod ex toto corde facerem quae vestro commodo cederent et honori. Valete in Domino. Salutate michi omnes quos videritis salutandos. Datum feria tertia post Mathiam. (Archives du conseil de Flandre).

(*) Gérard de Marbais?

Boniface VIII a envoyé l'évêque de Pamiers ordonner au roi de France de rendre la liberté à Gui de Dampierre : mais Philippe le Bel ne répond qu'en jetant dans une prison le légat du pape, et en appelant les Colonna à sa cour. Boniface VIII, en même temps qu'il accueille les plaintes du comte de Flandre, se souvient des plaintes non moins vives et non moins fréquentes de l'ordre de Cîteaux [1]. Le 4 décembre 1301, il suspend tous les priviléges accordés au roi pour la levée des dîmes; le lendemain deux autres bulles sont publiées. Par la bulle *Ausculta fili* il expose la puissance dont il est dépositaire, comme vicaire de Jésus-Christ et comme successeur de saint Pierre : *Constituit nos Deus super reges et regna ad evellendum, destruendum, dissipandum atque aedificandum sub ejus nomine et doctrina. Fili carissime, nemo tibi suadeat quod superiorem non habes* [2]. Mais il ne faut pas croire, comme l'ont trop souvent répété les historiens modernes, que la papauté dût être aux yeux de Boniface VIII, la réunion, ou pour mieux dire, la confusion des deux pouvoirs exercés simultanément. Boniface VIII disait lui-même qu'on ne pouvait lui attribuer une si grande ignorance ou un si grand aveuglement que de ne pas connaître la séparation des deux pouvoirs [3]. L'empereur et les rois exerçaient seuls la puissance temporelle : à eux l'usage, l'action [4], le domaine des faits. Le droit, toutefois, restait subordonné à l'autorité spirituelle, appelée à distinguer ce qui était juste de ce qui était injuste, et investie d'une juridiction incontestable, *ratione peccati*, soit qu'il convînt de rappeler un chrétien obscur à la pénitence, soit qu'il fallût briser la couronne des princes les plus puissants [5]. Cette théorie s'appuyait sur ce principe, alors universellement admis, que la société reposait sur la religion : elle était à la fois modéra-

---

[1] *Multorum ad nos insinuatio clamosa perducit..* Bulle *Ausculta fili*, ap. Dupuy, *Pr.* p. 50; *Assertione multorum...* Bulle *Ante promotionem*, ibid., p. 55. Boniface VIII avait déjà dit dans la Bulle *Dudum celsitudini* : *Diversas et luctuosas ecclesiae Gallicanae querelas accepimus.* Raynaldi, 1299, 25.

[2] Dupuy, *Pr.*, p. 48.

[3] *Scimus quod duae sunt potestates ordinatae a Deo: quis ergo debet credere quod tanta fatuitas, tanta insipientia fuerit in capite nostro?* Dupuy, *Pr.*, p. 77.

[4] *Actus et usus.* Dupuy, *Pr.*, p. 76.

[5] Dupuy, *Pr.*, p. 76.

trice pour les princes, protectrice pour les peuples, à qui elle offrait l'égalité vis-à-vis du tribunal suprême qui représentait sur la terre celui de Dieu.

La bulle : *Ausculta fili* offre d'ailleurs un intérêt tout spécial dans la question qui nous occupe; car elle aborde successivement les deux griefs qui s'élevaient contre le gouvernement de Philippe le Bel; d'une part l'oppression de Gui de Dampierre, c'est-à-dire, celle des grands vassaux; d'autre part l'oppression du clergé et des ordres religieux. Lorsque Boniface VIII disait à Philippe le Bel : *Gravas pares, comites et barones. . . . cum in judicio esse debeat distinctio personarum, tu tamen in propriis causis jus tibi dicis, et in proprio judicio partes actoris et judicis sortiris*, il répétait ce qu'avait dit Gui de Dampierre dans l'acte d'appel du 29 décembre 1299. Lorsqu'il adressait au roi de France d'autres reproches, ainsi conçus : *Ecclesias et ecclesiasticas personas opprimis . . . , decimas fieri facis , licet in clericos nulla sit laicis attributa potestas . . . , ecclesiasticae personae quasi sub jugo servitutis premuntur . . . , ecclesiae nunc factae sunt sub tributo*, il reproduisait assez exactement les termes de cet autre acte d'appel qui avait été soumis au siége pontifical par l'ordre de Cîteaux.

La seconde bulle, du 5 décembre 1301, semble rappeler la mission plus modeste que Boniface VIII remplissait au nom des communes flamandes avant son exaltation au trône pontifical : *Ante promotionem nostram ad summi apostolatus officium, dum adhuc nos minor status haberet, multa sunt reserata fide digna, assertione multorum, super injuriis atque damnis quae per Philippum regem Francorum multipliciter inferuntur* [1].

Jacques de Normanno, archidiacre de Narbonne, à qui ces bulles avaient été remises, reçut l'ordre de quitter la France, et la bulle : *Ausculta fili* fut publiquement brûlée par l'ordre du roi, le dimanche 11 février 1301 (v. st.) [2]. On trouve dans les preuves de Dupuy un mémoire rédigé à cette

---

[1] Dupuy, *Pr.*, p. 55.

[2] *Combustae sunt apostolicae litterae, in ipsius regis et magnatum praesentia, quod a nullo haeretico, pagano aut tyranno legimus esse factum.* Lettre du cardinal Orsini. Dupuy, *Pr.*, p. 80. J'emprunte au MS. des Dunes (n° 574) le document suivant :

Bonifacius episcopus, servus servorum Dei, venerabilibus fratribus, archiepiscopis et episcopis, etc. Cum dilectum filium, magistrum Jacobum de Normaunia, notarium nostrum, latorem praesentium, ad regem Franciae pro quibusdam ecclesiae Romanae negotiis destinamus, universitatem vestram rogamus et hortamur attente, per apostolica vobis

SUR L'HISTOIRE DU XIIIe SIÈCLE.

occasion par un avocat de Coutances, nommé Pierre du Bois ou du Bos [1], où on lit : *Forte expediret Romanos pontifices fore pauperes, sicut olim fuerunt, ut sancti essent* [2]. Des recherches plus récentes faites par M. de Wailly [3] permettent d'attribuer aussi à Pierre du Bois un opuscule dans lequel il engageait Philippe le Bel à réunir au royaume de France, Rome et le patrimoine de saint Pierre, et où l'on trouve, de plus, dès la première page, la maxime si vivement reprochée aux ministres de Philippe le Bel dans l'acte d'appel de l'ordre de Cîteaux : *Qui principi non obedierit, morte moriatur*. Ce travail d'un avocat de Coutances, qui fut peut-être le confident et le secrétaire d'Enguerrand de Marigny (Enguerrand le Portier avait pris son nom du bourg de Marigny, situé à quatre lieues de Coutances) est d'autant plus important que Philippe le Bel semble y avoir puisé plusieurs de ses

scripta mandantes, quatenus eumdem notarium, cum per partes vestras transitum fecerit, ob reverentiam apostolicae sedis et nostram benigne recipientes et honeste tractantes, sibi pro suis et familiae suae expensis necessariis, in sex florenis auri, diebus singulis, cum super hoc ex parte nostra per ipsum vel ejus mandatum fueritis requisiti, in eundo, morando et redeundo, liberaliter providere curetis; et, si dictum notarium aliquibus locis vel loco interdum moram trahere contigerit, volumus quod non solum earumdem sed etiam vicinarum et remotarum partium, sicut idem notarius pro hiis omnibus dividendis et facilius supportandis expedire viderit, archiepiscopi et episcopi, etc. contribuere in subventionibus teneantur; sic itaque mandatum nostrum efficaciter adimpleri curetis, quod possitis exinde merito commendari, alioquin sententiam quam ipse propter hoc rite tulerit in rebelles, super quo plenam sibi concedimus auctoritate praesentium potestatem, ratam habebimus, et faciemus usque satisfactionem condignam appellatione remota inviolabiliter observari, non obstantibus aliquibus privilegiis vel indulgentiis, quibuscumque personis, locis vel ordinibus concessis... Datum Laterani xv kal. januarii, pontificatus nostri anno VII°.

Jacques de Normanno reçut deux cents florins d'or de l'archevêque de Reims :

Jacobus de Normannis, domini papae notarius, archidiaconus Narbonnensis, a sanctissimo patre domino Bonifacio divina gratia papa VIII° pro quibusdam arduis negotiis ad partes regni Franciae specialiter destinatus, reverendo in Christo patri, domino Roberto, Dei gratia, archiepiscopo Remensi, salutem in Domino... Quia pro praedicto negotio exequendo apud civitatem Parisiensem pervenimus, et in ea aliquamdiu moram traximus, a vobis ducentos florenos auri pro expensis nostris nostraeque familiae recepimus... Datum Parisius, die dominica post festum Purificationis Beatae Mariae virginis, anno Domini M°CCC° primo.

Cette date est digne de remarque. Huit jours plus tard, la Bulle *Ausculta fili* était brûlée à Paris, et l'on ne peut douter que Jacques de Normanno n'ait reçu simultanément l'ordre de quitter la France.

[1] En latin : Petrus de Bosco. Vers la même époque, on trouve Gaufridus de Bosco, *receptor regis in comitatu Flandriae*. Guillaume du Bos était bailli de Philippe le Bel dans le pays de Caux.

[2] Dupuy, *Pr.*, p. 46. *Se les apostres*, dit naïvement *la supplication du pueuble de France au roy, eussent fait ou dit comme Boniface, nul ne cuideroit que ils peussent avoir un seul prince converti*. Dupuy, *Pr.*, p. 217.

[3] Bibliothèque de l'école des chartes, II, 3, p. 273.

ordonnances [1], et il est un aperçu qu'il faut signaler, parce qu'il donne lieu à un rapprochement tout à fait nouveau. Philippe le Bel, qui, dans son langage et dans ses violences, devança tant de fois Henri VIII, eut, comme celui-ci, la pensée qu'en supprimant le célibat ecclésiastique, il ferait entrer le prêtre tout entier dans la société civile, et qu'il romprait les liens fondés sur l'abnégation et l'obéissance qui unissent le sacerdoce à la suprématie de l'autorité religieuse. Philippe le Bel se faisait remontrer par maître Pierre du Bois que les vœux de célibat n'avaient d'autre source que l'erreur de quelques vieillards qui avaient oublié les passions de ce monde, qu'il en résultait un grand danger pour les âmes, et que le pape, et le roi à défaut du pape, avait le droit de les abolir, puisque tant de règles prescrites dans l'ancienne loi avaient été modifiées dans le Nouveau-Testament. Une bulle fut composée, et elle s'est conservée dans les manuscrits de la bibliothèque de l'université de Gand [2]. Dès les premières lignes, la rédac-

[1] Peut-être Pierre du Bois est-il l'auteur de la célèbre réponse de Philippe le Bel à la fausse bulle. Voy. Dupuy, *Pr.*, p. 45. M. l'abbé Christophe se trompe en plaçant à côté de lui le procureur de l'université, tandis que le texte qu'il cite ne mentionne qu'une seule et même personne, Pierre du Bois, avocat du roi et procureur, non de l'université, mais de la ville (universitatis) de Coutances.

[2] Cette fausse bulle est ainsi conçue :

Bonifacius, episcopus, servus servorum Dei, universis Christi fidelibus salutem et apostolicam benedictionem.
Quia nonnulli, divinarum atque canonicarum sententiarum notitiam non habentes, ignorantes potestatem Romani pontificis, qui locum et dominium Christi in universo, tam in temporalibus quam in spiritualibus, habere dinoscitur (*), plura sapere quam oporteat contra doctrinam apostoli appetentes, more haeretico dicunt et credunt Romanum pontificem, illosque qui ad sacros ordines sunt promoti, non posse per dispensationem Romani pontificis matrimonialiter copulari, Nichenum concilium, Carthaginasiaque concilia, pluresque constitutiones nostrorum praedecessorum advertentes, idcirco nos, habentes sollicitudinem pastoralis officii, utendo potestate nostra, contra quam nullus princeps vel aliquis debet vel potest ausu aliquo contraire, volentesque huic morbo haeretico medelam congruam adhibere, considerantes praedecessores nostros in suis constitutionibus nos ligare nullatenus potuisse, sacrumque matrimonium, generaliter per institutionem in paradiso a Deo approbatum, et apostolorum actuali exemplo roboratum, ecclesiasticis personis non interdici, sed tanquam salubri favore subnixum cunctis christicolis fore permissum licitumque debere : nos igitur, ad perpetuam rei memoriam, praesenti decreto, de fratrum nostrorum consilio, statuimus Romanum pontificem, omnesque personas ecclesiasticas, seculares et regulares, utriusque sexus, cujuscumque dignitatis, ordinis seu religionis existant, si voluerint, posse cum unica vel unico virgine matrimonialiter copulari, dummodo personae praedictae tricesimum annum in suis ordinibus non compleverint. In die tamen quo celebrare debebunt, a suis uxoribus abstineant, ut facilius quod a Deo postulant valeant adipisci. Si vero filii vel filiae in talibus matrimoniis fuerint procreati, parentibus suis, in bonis patrimonialibus et de rebus ecclesiasticis nullatenus augmentatis tantummodo succedant. Quod si parentes nulla bona patrimonialia vel minus sufficientia pro praedictis filiis dimiserint : si summi pontificis aut

(*) Comparez le mémoire où Guillaume de Nogaret accuse Boniface VIII d'avoir dit : *Quicumque est papa, ipse est dominus omnium spiritualium et temporalium*. Dupuy, *Pr.*, p. 351.

tion ne permet pas de douter qu'on n'ait voulu l'attribuer à Boniface VIII; l'avis de maître Pierre du Bois confirme cette hypothèse. Peut-être les Colonna, alors réfugiés en France, lui firent-ils donner une date qui était celle des poursuites dirigées contre eux par le pape, et l'on comprendrait ici d'autant mieux l'intervention des Colonna, que Boniface VIII, en appelant au cardinalat son neveu François Gaetani, l'obligea de se séparer de sa femme, sœur de Raynaldo Supino, l'ami et le compagnon de Sciarra Colonna [1]. Dans tous les cas, on ne peut se tromper, ni sur sa source, ni sur sa véritable date, en la reléguant à côté de la fausse bulle : *Scire te volumus quod in spiritualibus et temporalibus nobis subes . . . aliud credentes haereticos reputamus.*

Nous avons bien le droit de nier la bonne foi et la loyauté de Philippe le Bel, puisque nous trouvons, au bas de ses manifestes contre Boniface VIII, le nom de Jean de Pontoise, abbé de Cîteaux, et celui du fils aîné de Robert de Béthune, double mensonge, digne des légistes qui avaient déjà contrefait les bulles pontificales [2].

Les états généraux ayant été réunis à Paris le 10 avril 1301 (v. st.), Pierre Flotte leur adressa en termes emphatiques un long discours fort injurieux pour le pape, et leur fit signer un mémoire qui avait été préparé d'avance. Le clergé même y adhéra, bien qu'en un langage plus respectueux pour l'autorité pontificale [3]. Boniface VIII répondit, soit direc-

---

cardinalium filii fuerint, a successore Romano pontifice nutriantur, omnes quoque religiosorum liberi in ipso coenobio assignata eis condecenti pensione, educentur, proviso tamen moderamine ne ipsi egestate pereant, et quoque sacrum monasterium nimium non gravetur; sin autem plebanorum seu curatorum liberi remanserint, parochiani eis victualia, aliaque necessaria administrent. Nulli ergo homini liceat hanc nostrae constitutionis paginam infringere, aut ei ausu temerario contraire. Si quis autem aliud tradiderit, indignationem omnipotentis Dei noverit se incursurum, nosque contra eum quasi haereticum processuros, quodque cunctis haec licere jussimus, nostris successoribus indicamus. Datum Romae apud Sanctum-Petrum, tertio ydus maii, pontificatus nostri anno tertio.

[1] Dupuy, *Pr.*, p. 344.
[2] Id., *Pr.*, pp. 62 et 108.
[3]
 ...... Pierre Flotte
Dedens Paris lor sermonna
Qui ce bon conseil leur donna,
Si firent de Paris lor Rome;
Leur mauvez cueur fere lor fist,
Quand ils renièrent lor père,
Et Rome qui de tous est mère.

(GODEFROI DE PARIS, *Chr. métr.*, v. 240.)

tement, soit par la bouche des cardinaux, aux plaintes des trois ordres, et c'est probablement à cette époque qu'appartient une grande bulle, où, en défendant aux évêques de quitter dorénavant leurs diocèses, il s'exprime en ces termes :

> Bonifacius, episcopus, servus servorum Dei, ad perpetuam rei memoriam : Traxit hactenus sancta mater Ecclesia in plerisque partibus orbis terrae profunda suspiria, cujus praesunt nonnulli regimini, qui pastorum solum nomen obtinent, et commissum sibi gregem dominicum, discurrentes per loca dispersi varia, pervagando tanquam mercenarii, proh dolor, lupis oves exponunt, imperatorum, regum, principum et baronum ac aliorum potentium obsequiis insistentes, ac aliis exquisitis coloribus, quos ex causa tacemus ad praesens, se frequenter absentant, ac spirituali temporale, transitoriumque commodum anteponunt, aut minus prudenter attendunt, quod pastor discipulis suis ac eorum successoribus per eosdem declaratis ait : *Bonus pastor animam suam pro ovibus suis ponit*, et scriptum alibi reperitur pastorem teneri vultum sui recognoscere pecoris, quod impleri nec possit ydonee quasi continue separati ab eo, sicque passim obliti, nec absit suae salutis dispendio quod de temporalium ac spiritualium administratione quam negligunt, in districti judicis examine respondebunt, quae non absque dura cordis angustia recensemus, attenta meditatione pensantes quod inde populus christianus periclitatur multotiens ob defectum regiminis juxta illud : Populus cui non est gubernator corruet, et scandala gravia prodierunt. Ne igitur tam dampnosum, tam dampnabilem sustinendo defectum, divinam, quod absit, incurrere nos contingat offensam, qui locum ejus, licet immeriti, obtinemus in terris, cui Dominus omnes oves suas pascendas commisit, de fratrum nostrorum consilio, irrefragabili constitutione statuimus, tam pastorum quam gregum omnium animabus providere salubriter cupientes, ut omnes patriarchae, primates, archiepiscopi, episcopi, abbates ... in ecclesiis quibus praesunt, continue resideant ac fideliter amodo deserviant infra mensem a die quo praesens salubre statutum ad notitiam devenerit eorumdem, alioquin patriarchatus, primatiae, archiepiscopatus, episcopatus, caeteraque beneficia post elapsum terminum praetaxatum libera sint et vacantia ipso jure. Nec volumus quod a quocumque super residentia in eisdem beneficiis minime facienda sine licentia sedis apostolicae speciali eis valeat dispensari [1].

Dans les derniers jours du mois d'août, le pape tint un grand consistoire en présence de l'évêque d'Auxerre, envoyé du roi et des députés du clergé. Après un discours du cardinal **Matthieu d'Aquasparta**, il prit lui-même la parole pour dire que, s'il avait beaucoup aimé le roi de France, Philippe,

[1] MS. des Dunes, n° 913.

SUR L'HISTOIRE DU XIIIe SIÈCLE. 87

son père, et saint Louis, son aïeul, il savait aussi qu'il avait le droit de le déposer, et que ce droit deviendrait peut-être pour lui un devoir impérieux et une triste nécessité, et il ajouta : *Si rex non resipiscat, pro tempore futuro responderemus : Nos scimus secreta regni, nihil latet nos, omnia palpavimus; nos scimus quomodo diligunt Gallicos Allemani* [1], *et illi de Lingadoch et Burgundi, qui possunt dicere illis quod B. Bernardus dixit de Romanis : Amantes neminem, amat vos nemo... Volumus quod iste Petrus Flote puniatur temporaliter et spiritualiter, sed rogamus Deum quod reservet nobis eum puniendum, sicut justum est. Satellites istius Achitophel sunt comes Attrebatensis (qualis homo est totus mundus scit) et comes Sancti Pauli* [2].

Sans doute, ces paroles parurent plus tard prophétiques à la plupart de ceux qui les avaient entendues. Peu de jours après ce consistoire, peut-être la nuit qui le suivit, un messager arrivé de Flandre annonça au pape que l'armée française avait été vaincue sous les remparts de Courtray par quelques bourgeois et quelques laboureurs, réunis à la hâte et à peine armés. Un frère convers de l'ordre de Cîteaux, transfuge [3] enrôlé dans la vaillante phalange qui sauva la patrie, avait renversé à ses pieds le comte d'Artois, et Pierre Flotte avait partagé son sort [4]. Boniface VIII, sans perdre une heure, fit réveiller Michel As Clokettes [5], et le fit con-

---

[1] Boniface VIII désignait, par ce nom, les habitants de la Flandre, dont la langue se rapprochait des idiomes germaniques.

[2] Dupuy, *Pr.*, p. 77; Baillet, p. 146.

[3] La règle religieuse était formelle : *Nulla persona ordinis vadat pro principibus contra principes terrarum.* Stat. ord. Cisterc. anno 1224. *Nullus monachus vel conversus praesumat arma deferre.* Stat. anno 1282.

[4] Louis de Velthem, en racontant la bataille de Courtray, a soin de remarquer que Philippe le Bel s'était séparé du pape.

[5] *Per illum scivi ita esse*, dit Gilles li Muisis, *quia dominus papa affectum habebat ad Flandrenses.* On lit, à ce sujet, dans l'acte d'accusation dressé par Guillaume de Nogaret et Guillaume de Plasian : *Probabitur quod ipse procuravit fieri rebellionem Flandrensium, et quod habito nuntio de dicta rebellione dixit : Bene vadit negotium. Item, probabitur quod occulte continue favit Flandrensibus, verbis et factis, auxiliis, consiliis et favoribus. Item, probabitur quod de damno dato Gallicis per Flandrenses, non ex potentia, sed ex fallacia fraudis et dolo malo, idem Bonifacius publice laetitiam magnam fecit, congaudens de morte Gallicorum principum et aliorum qui perierunt ibidem, et improperans Gallicis convicia, contumelias, opprobria et injurias multas dicens.* Dupuy, *Pr.*, p. 341. On accusait aussi Boniface VIII d'avoir engagé Édouard à aider du produit

duire au palais du Vatican pour lui apprendre le triomphe des communes de Flandre, que suivit de près, comme il l'avait annoncé, l'insurrection du Languedoc [1].

Boniface VIII avait convoqué un concile à Rome aux fêtes de la Toussaint 1302. Malgré les menaces de Philippe le Bel, on y vit les archevêques de Tours, de Bordeaux, de Bourges et d'Auch; les évêques d'Angers, de Nantes, de Vannes, de Rennes, de Quimper, de Léon, de Tréguier, de Saint-Brieuc, de Toulouse, de Pamiers, de Périgueux, de Saintes, de Comminges, de Rhodez, d'Agde, de Lescar, de Lectoure, d'Oloron, d'Aire, de Mende, de Nîmes, de Carcassone, de Bazas, du Puy, d'Autun, de Châlons-sur-Saône, de Mâcon, d'Alby, d'Aix, de Clermont, les abbés de Cîteaux, de Cluny, de Prémontré, de Marmoutiers, de Beaulieu et de la Chaise-Dieu [2].

Le 21 octobre, le roi de France donna à ses baillis l'ordre de prendre possession des biens des prélats et des abbés qui s'étaient rendus à Rome, attendu, disait-il, qu'il craignait que ces biens ne souffrissent de leur absence, et que, dans sa prévoyance, il jugeait de beaucoup préférable de s'en réserver lui-même la garde [3].

Cette mesure paraît avoir été principalement dirigée contre l'ordre de Cîteaux [4]. Philippe le Bel n'avait pu oublier que l'acte d'appel des reli-

---

des dîmes ecclésiastiques levées en Angleterre et en Irlande, les communes flamandes qui triomphèrent à Courtray. Baillet, p. 160. La moitié de ces dîmes avait été cédée au roi Édouard Ier par Boniface VIII (12 mars 1301, v. st.). Raynaldi, 1302, 17. Comparez Nicolas de Triveth, 1303.

[1] *A Flandriis audientes...* Cont. G. de Nangis, 1302.

[2] Dupuy, *Pr.*, p. 86. Dupuy ajoute à tort les noms des évêques d'Auxerre, de Coutances, de Noyon, de Béziers et de Limoges, envoyés du roi et du clergé à Rome. Il faut remarquer qu'aucun des évêques qui se rendirent au concile de Rome n'avait signé les lettres adressées à Boniface VIII pour la concession des dîmes. Voyez plus haut, p. 20.

[3] *Nolentes ob ipsarum (personarum) absentiam, bona earum temporalia dissipari, et potius ea cupientes provide conservari, mandamus*, etc. Dupuy., *Pr.*, p. 84.

[4] Dans des circonstances aussi graves que celles que l'ordre avait traversées en 1296, le chapitre général de Cîteaux renouvela les défenses publiées à cette époque, défenses que les intrigues de Philippe le Bel avaient rendues inutiles : *Quorumdam perversorum perniciosam malitiam abhorrens et punire cupiens, capitulum generale, qui, in communis utilitatis ordinis detrimentum, secreta ordinis detegere secularibus non verentur, ut pote quando contributiones fuerint in ordine pro ipsius libertatibus defendendis, hoc secularibus potentibus, puta baronibus, principibus et regibus,*

gieux cisterciens avait provoqué la bulle *Clericis laicos*, et il n'ignorait pas que depuis cette époque leurs plaintes n'avaient cessé de retentir à Rome. C'était un ancien moine de Cîteaux, Simon de Beaulieu, évêque de Palestrine, qui était venu, à la fin de l'année 1296, menacer le roi de France d'excommunication. Enfin, parmi les cardinaux, il en était un, jadis abbé de Cîteaux, qui se faisait remarquer par son dévouement au pape. Si nous recherchons jusque dans la Flandre les traces de la résistance de l'ordre de Cîteaux, nous ferons remarquer que l'abbé des Dunes, Jacques de Biervliet, opposa les protestations les plus énergiques à la levée des dîmes royales [1], et la chronique de ce monastère ajoute qu'il avait pendant longtemps été attaché comme pénitencier au pape Boniface VIII [2]. L'inébranlable fermeté de l'abbé de Cîteaux, Jean de Pontoise, qui avait succédé, en 1299, à l'abbé Ruffin, n'excitait pas moins la colère du roi de France : il voulait punir l'ordre tout entier de la fidélité que Jean de Pointoise conservait au siège pontifical, et on comprend aisément qu'il ait voulu le frapper en lui enlevant les vastes propriétés territoriales qui couvraient le sol de la France. Peut-être même Philippe le Bel avait-il formé le projet de s'attacher les nobles en leur restituant, dans une confiscation générale des biens de l'ordre de Cîteaux, tous ceux que les abbayes devaient à la pieuse générosité de leurs ancêtres [3].

Rien ne révèle davantage la gravité du péril que l'énergie que mit Boniface VIII à le conjurer. Le 8 janvier 1302 (v. st.) [4], il écrivit aux abbés de

---

revelantes, procurant quod hujusmodi contributiones non solvantur, vel, si solutae fuerint, procurant quod ab ipsis potentibus habeantur, praedictos ordinis proprii proditores excommunicat, et tales denuntiantur excommunicati, cum caeteris malefactoribus, in Ramis Palmarum. Martène, *Th. anecd.*, IV, col. 1500.

[1] MS. des Dunes, n°ˢ 914 et 629. Un ancien cartulaire de l'abbaye des Dunes résume en ces termes une bulle de protection spéciale accordée à cette abbaye par Boniface VIII : *Omnes libertates et immunitates a Romanis pontificibus, praedecessoribus suis, nobis et monasterio nostro concessas, necnon libertates et exemptiones secularium exactionum a regibus et principibus aliisque Christi fidelibus indultas, apostolica confirmat auctoritate.*

[2] Chr. abb. mon. de Dunis, p. 14.

[3] Voyez l'adresse des nobles aux cardinaux. Dupuy, *Pr.*, p. 61.

[4] Cette lettre, datée de la huitième année du pontificat de Boniface VIII, paraît appartenir (c'est aussi l'opinion de Dupuy) à l'année 1302 (v. st.), et on devrait en conclure que la neuvième année ne commença qu'après le 8 janvier. Les lettres encycliques par lesquelles Boniface VIII annonce

Saint-Étienne, de Dijon, de Saint-Victor, de Marseille, de Saint-Paul, de Besançon, et à d'autres abbés, pour qu'ils prissent sous leur protection les biens de l'ordre de Cîteaux, qui se trouvait en butte aux persécutions les plus coupables et les plus impies [1]. Que les temps étaient changés depuis que saint Louis avait pris plaisir à élever cette magnifique abbaye de Royaumont (*regalis mons*), où il jeûnait et priait avec les moines de l'ordre de Cîteaux, de même que, plus tard, il voulut mourir selon leur règle, étendu sur la cendre, comme sa mère, Blanche de Castille, était morte elle-même entre les bras des religieuses cisterciennes de Maubuisson [2] !

Au même moment, l'évêque de Tournay, obéissant aux instructions secrètes de Philippe le Bel, ordonnait à toutes les autorités ecclésiastiques de la Flandre de cesser les fonctions de leur ministère [3]. Le 7 décembre 1302, on lut solennellement à Bruges, dans le chœur de l'église de Saint-Donat, la protestation suivante :

In nomine Domini, anno M°CCC°II°, die septima mensis decembris, ego Michael........, clericus, procurator villae Brugensis, in praesentia notarii publici: quia reverendus pater,

son avénement au siége pontifical, sont datées du 24 janvier 1294 (v. st.). Raynaldi, 1295, 7. Cependant, si la huitième année de Boniface VIII avait commencé le 2 janvier 1301 (v. st.), il faudrait, en changeant la date de ces lettres de protection, les expliquer par quelques lignes de la bulle : *Ausculta, fili*.

[1] *Ad compescendos conatus nefarios adversariorum, qui personas et loca ecclesiastica, super bonis et juribus suis, offendere et multiplicibus perturbare molestiis non verentur, tanto magis nos decet opportunum remedium adhibere, quanto per amplius turbationes hujusmodi et molestiae in divinae majestatis offensam, ecclesiasticae dispendium libertatis et apostolicae sedis contemptum redundare noscuntur. Cum itaque (sicut ad nostrum pervenit auditum) dilecti filii, abbas Cistercii ejusque coabbates et fratres a nonnullis, qui nomen Domini recipere in vacuum non formidant, in personis et bonis suis multipliciter molestantur, nos*, etc. *Priv. ord. Cist.*, pp. 86 et 87. Dupuy, *Pr.*, p. 85. Un privilège accordé vers la même époque à l'ordre de Cîteaux commence ainsi : *Nos, propter magnae devotionis affectum, quem ad nos et apostolicam sedem habetis, ordinem ipsum ac vos intima caritate prosequimur.* Dupuy, *Pr.*, p. 85; *Stat. ord. Cist.*, 1303. Je ne sais où Dom Bouillart, *Histoire de l'abbaye de Saint-Germain des Prés*, p. 145, a trouvé que Boniface VIII avait appartenu à l'ordre de Cîteaux.

[2] Lenain, *Histoire de l'ordre de Cîteaux*, IX, pp. 292 et 303. *O quando obscuratum est aurum! quare sancti Ludovici, a quo rex trahit originem, luminosa offuscantur exempla?* Lettre du cardinal Matthieu Orsini. Dupuy, *Pr.*, p. 80.

[3] Les sentences d'excommunication fulminées par l'évêque de Tournay contre Gui de Dampierre paraissent avoir été nombreuses. Sur celle de 1297, voyez Warnkœnig, I, *Urk.*, p. 67.

dominus Guido, Dei gratia, venerabilis Tornacensis episcopus, seu ejus vicarii, omnes decanos christianitatum in terra Flandriae existentes, nuper ab officio decanatuum suspendiderunt, ac sigilla quibus uti consueverunt sibi Tornaci transmitti mandaverunt, ipsos decanos monendo ut infra certum tempus ad hoc praefixum, sub poena suspensionis et amissionis suorum beneficiorum, suis mandatis parerent, cum populus terrae Flandriae sine pastore, aut vices ejus gerente, salubriter regi nequeat, nec adinvicem communicare, et, propter justum metum, qui potest et debet cadere in constantem, et viarum pericula, ac guerram notoriam et manifestam, quae jam diu fuit et adhuc est inter Francigenas et Flandrenses, nemo totius comitatus Flandrensis, propter beneficium, sibi impertiri et impendi si indigeat, habendum et impetrandum, etiam propter bannos matrimoniales, de personis extraneorum decanatuum et dyochesium, ita quod secure ad sollempnisationem matrimoniorum procedi poterit, habendos et impetrandos, quod saepe contingit in dicto comitatu, et specialiter infra villam Brugensem et territorium ejusdem, ac fieri est consuetum, etiam et propter curatum seu rectorem habendum in parochiali ecclesia, quae per mortem sui rectoris fuerit desolata, liberum ad curiam Tornacensem, quae est de districtu illustris principis, domini Philippi regis Francorum, aditum nequeat habere, nec recessum : de quibus omnibus supradictis unusquisque decanus in suo decanatu, populo, vice et nomine episcopi, solebat providere et praestare juvamen, et talia et consimilia ab antiquis temporibus per decanos christianitatum provideri et fieri consueverunt etc. [1].

Lorsque peu après Philippe de Thiette revint à Bruges, une décision plus importante fut prise : on résolut de supplier Boniface VIII de créer en Flandre des évêques qui, au lieu d'être les constants instruments de la politique étrangère, entretiendraient chez des populations probes, laborieuses et simples, la foi religieuse qu'elles avaient conservée intacte, malgré tant d'excommunications et tant d'interdits, au milieu des guerres les plus sanglantes.

Supplicant sanctitati vestrae clerus et populus Flandrensis, Tornacensis, Morinensis et Attrebatensis dyocesium, etc., cum plurimi eorum excommunicationis, suspensionis et interdicti sententiis a canonibus aut statutis synodalibus vel provincialibus, vel etiam ab ordinariis aut delegatis judicibus se dubitent irretitos, plurimae etiam ecclesiae comitatus et dyocesium praedictorum sint per effusionem sanguinis aut saevius violatae, et in nonnullis ecclesiis ac cymeteriis comitatus et dyocesium eorumdem propter eorum immunitatem infractam aut interfectionem, mutilationem, vulnerationem, verberationem vel captionem personarum ecclesiasticarum aut laycarum, per statuta provinciala aut

[1] MS. des Dunes, n° 576.

synodalia a divinis et sepulturis cessetur, non sine infinitis animarum periculis, diminutione cultus divini, injuria fidelium defunctorum ac plurimo decremento salutis vivorum, nec possint super hiis a propriis episcopis seu eorum vicariis aut praedictis judicibus opportuna remedia obtinere, tum propter asperrimam persecutionem domini regis Francorum illustris assidue saevientem in ipsos, tum reverendi dicti domini episcopi, dicto domino regi plus debito faventes, eos de die in diem graviter opprimunt et injuriis afficiunt manifestis; quamquam ipsi parati sint et semper fuerint, praedictos dominos episcopos tanquam patres in Christo reverendos humiliter revereri, et eorum mandatis salutaribus obedire, nec ad horam a patriae suae defensione abesse : dignemini, pater sanctissime, ipsis in hac parte misericorditer subvenire, committendo aliquibus qui auctoritate apostolica eis de absolutionis, reconciliationis, dispensationis, si opus fuerit, et relaxationis beneficiis, per se vel per alios, provideant opportune.

Item, supplicant sanctitati vestrae clerus et populus, ut supra, ut, cum personae electae ad ecclesiasticas dignitates aut ad ecclesias parochiales vacantes vel alia quaecumque ecclesiastica beneficia, et quaelibet regulares et seculares, comitatus et dyocesium praedictorum praesentari non valeant, venerabilibus patribus, propriis episcopis, seu eorum vicariis, ut institutionem canonicam et ordines consequantur, et causae eorum matrimoniales aut aliae quaelibet spirituales expediri non possint, non patent eis ad praefatos dominos episcopos seu eorum vicarios aut judices competentes accessus, propter guerram asperrimam illustris domini regis Francorum ipsis assidue ingruentem; ex quibus contingit dictas ecclesias propriis defraudari rectoribus, Christique fideles propriorum sacerdotum cura destitui, cultum divinum diminui, ac plurima provenire pericula animarum : dignemini, pater sanctissime, ipsis contra haec misericorditer providere, mandando alicui vel aliquibus, qui cuilibet ipsorum auctoritate apostolica vices dictorum dominorum episcoporum et judicum, per se vel per alium aut alios, suppleant opportune.

Item, supplicant sanctitati vestrae Philippus, natus comitis Flandrensis, Theatae et Laureti comes, ac clerus et populus comitatus Flandrensis, sibi de vestrae sanctitatis benignitate concedi, quod, cum ad sumptus defensionis terrae Flandrensis contra potentiam domini Philippi regis Francorum illustris, propriae praedictorum Philippi ac populi laycorum non suppetant facultates, possint licite ab ecclesiis ecclesiasticis personis dicti comitatus opportunum ad hoc subsidium exigere et percipere, ac praedictae ecclesiae et personae ipsius valeant licite exhibere constitutione vestra super hiis, pro immunitate ecclesiarum tuenda et personarum hujusmodi, edita non obstante, ac de relaxatione sententiarum et irregularitatis, si quas faciendo contra constitutionem eandem, necessitate urgente, et postea miscendo se divinis, incurrerunt, sibi misericorditer indulgere.

Petitio creationis unius novi episcopi vel duorum in comitatu Flandrensi : inductiva tamen ad id videntur haec posse proponi.

Quod licet comitatus Flandrensis in pluribus dyocesibus se extendat, sedes tamen episcopales, ad quas propter necessarium episcopale officium et ecclesiastica sacramenta ac plura alia oportet haberi recursum, sitae sunt in terris inimicorum suorum.

Item, posito quod, dante Domino, pacificetur guerra, metus tamen erit ne habitatores hinc inde remaneant ad mutuas contumelias priores, ex quibus posset periculosa turbatio suscitari.

Item, quod maxima pars comitatus habet in usu ydioma theutonicum, quapropter non valent ydonee salutaribus monitis per suos episcopos informari, qui sui ydiomatis sunt ignari.

Item, quod dyoceses ad quas.... pertinent ita diffusae sunt, et episcopatus ita pingues, quod sine gravi incommodo potest fieri eorum divisio opportuna.

Item, quod in comitatu Flandrensi sunt plures dignitates et ecclesiae seu monasteria ita dotatae, quod sine gravi praejudicio ipsorum possit uni episcopo aut duobus de parte aliqua proventuum suorum congrue subveniri.

Supplicant sanctitati vestrae clerus et populus comitatus Flandrensis ut, cum in comitatu eodem sint plures ecclesiae ac cymeteria Tornacensis, Morinensis et Attrebatensis dyocesium per effusionem sanguinis et saevius violata, et in nonnullis ecclesiis et cymeteriis comitatus ejusdem propter eorum immunitatem infractam, aut propter interfectionem, vulnerationem, verberationem vel captionem personarum ecclesiasticarum, per provinciales aut synodales constitutiones a divinis et sepulturis cessetur, propter quae cultus divinus minuitur, tepescit devotio, pululat insolentia minimi rectorum........, multiplicantur animarum pericula, et fideles defuncti carent opportunis suffragiis et ecclesiasticis sepulturis, necnon a venerabilibus patribus, propriis episcopis, aut eorum vicariis, possint istis temporibus super hiis remedia obtineri : dignemini, pater sanctissime, alio aut aliis committere, qui auctoritate apostolica vices praefatorum dominorum episcoporum suppleant in praemissis.

Supplicant sanctitati vestrae clerus et populus comitatus Flandrensis, Tornacensis, Morinensis dyocesium, ut, cum personae electae ad ecclesiasticas dignitates aut ad ecclesias parochiales vacantes, vel ad alia quaecumque beneficia ecclesiastica, et quilibet clerici, regulares vel seculares, comitatus et dyocesium praedictorum, propter guerram asperrimam domini regis Francorum illustris contra Flandrenses, praesentari non valeant venerabilibus patribus, propriis episcopis, seu eorum vicariis, ut institutionem canonicam et ordines consequantur; ex quibus contingit dictas ecclesias debitis defraudari rectoribus et ministris, Christique fideles propriorum sacerdotum cura destitui, cultum divinum minui, ac plurima opera salutis. . . . . . ., et tam ipsis ecclesiis et patronis earum, clericis vel laycis, quam electis et clericis praedictis multiplex praejudicium suboriri : dignemini, pater sanctissime, misericorditer providere quatinus hiis et similibus dictorum dominorum episcoporum vices congrue suppleantur in comitatu praedicto.

Item, quod, cum personae ecclesiasticae ad ecclesiasticas dignitates aut ad ecclesias parochiales vacantes, vel ad alia quaecumque beneficia ecclesiastica, et quilibet clerici, regulares vel seculares, comitatus et dyocesium praedictorum presentari non valeant venerabilibus patribus, propriis episcopis, seu eorum vicariis, ut institutionem canonicam et ordines consequantur, et causae eorum matrimoniales et aliae quaecumque spirituales...[1].

---

[1] Archives de Flandre à Lille. Ce document porte ce titre : *Ce sont les supplications que on dut*

Cependant les événements, qui se précipitent vers un dénoûment trop prévu, ne laissent point à Boniface VIII le loisir de donner à la Flandre, libre et indépendante, ces évêchés qu'elle recevra, deux cent soixante ans plus tard, de la domination espagnole. Philippe le Bel, qui a longtemps dissimulé, Philippe le Bel, que Guillaume de Nogaret dépeignait comme une personne humble et bénigne, miséricordieuse et douce, pleine de religion, animée du zèle de la foi, tout entière aux prières, à la patience et à la modestie, ne se vante plus de ne pas savoir se venger [1].

Le 14 juin 1303, dans une assemblée convoquée dans l'église de Notre-Dame [2], il reçoit, non plus comme roi, mais comme champion de la foi et comme défenseur de l'Église (Henri VIII invoqua aussi ce titre au XVIe siècle), l'acte d'accusation où Guillaume de Plasian reprochait au pape d'avoir voulu réunir la puissance temporelle et la puissance spirituelle. Les députés des trois ordres de l'État entendirent l'énumération de tous les chefs d'accusation, la plupart si infâmes qu'on ne peut les reproduire : puis le petit-fils de Louis IX, dont ce même pape Boniface VIII avait proclamé la béatification [3], déclara que, bien qu'il eût voulu, fils respectueux, cacher au peuple la nudité de Noé, il se trouvait obligé, par sa conscience, de déférer au vœu formé par Guillaume de Plasian [4],

---

faire à Rome ou tans que messire Philippe de Flandre tint l'administration de la terre de Flandre.

[1] *Persona humilis et benigna, misericors et mansueta, timorata apud Deum et apud homines, semper timens peccare in agendis, magnae religionis et fidei ardore successa, vacans diebus singulis orationi et divinis officiis, summae patientiae atque modestiae, nec unquam ad vindictam inimicorum suorum guerras movit vel fovit.* Dupuy, *Pr.*, p. 438.

[2] *Concilio Parisiis in ecclesia B. Mariae congregato.* Cur. MS. citée par Raynaldi, 1303, 35.

[3] Ce fut celui qui saint Looiz
Canonisa et releva;
Mès le sien lignage trouva
Après moult cruel anemy;
Quant je le di, ce poise mi.
(Godefroi de Paris, *Chr. métr.*, v. 2210.)

[4] Faut-il écrire : Plassian, Plasian, Plessiac ou Plessis, Nogaret ou Longaret? Toutes ces manières d'orthographier les noms sont du temps, et rien ne prouve mieux combien ces noms étaient obscurs. Plasian et Nogaret prenaient le titre de chevaliers ès lois. Un manuscrit me fournit le texte d'une de ces concessions de chevalerie juridique : *Notum... quod nos dilecto nostro Johanni Marci, legum doctori, de Montepessulano, suis meritis exigentibus, de gratia concedimus speciali*

SUR L'HISTOIRE DU XIIIe SIÈCLE. 95

pour la convocation d'un concile qui jugerait le pape. Les évêques présents adhérèrent après un peu d'hésitation [1]. Une seule voix [2] s'était élevée avec courage pour défendre l'honneur de la papauté, et pour protester contre l'usurpation sacrilége des droits et des libertés de l'Église; ce fut celle de l'abbé de Cîteaux. Philippe le Bel, qui était décidé à ne s'arrêter devant aucun obstacle, ne respecta ni sa pieuse conviction, ni sa courageuse persévérance. Tandis que le roi faisait publier une sentence de mort contre tous les ecclésiastiques qui sortiraient de France, parce qu'il avait besoin de leurs services dans sa guerre de Flandre, tandis que la même peine était commuée contre les officiers royaux qui ne s'y opposeraient point [3], le chef illustre de l'ordre le plus puissant de l'Europe était traîné aux tours du Châtelet, que gardaient quatre-vingts sergents à cheval et quatre-vingts sergents à pied [4], c'était, sans doute, ce que le roi appelait, de même que lorsqu'il avait fait arrêter l'évêque de Pamiers : offrir à Dieu le meilleur de tous les sacrifices par la voie de justice [5].

Boniface VIII voulut honorer le dévouement de Jean de Pontoise, en lui accordant deux priviléges qui passèrent à ses successeurs : le premier était

ut ipse, non obstante quod nobilis non existat, militari cingulo, quotiens sibi placuerit, valeat insigniri, et ad omnes actus nobiles admittatur. Registre des concessions royales sous Philippe le Bel, fol. 125. (Archives de Belgique.) Le même manuscrit renferme plusieurs pièces intéressantes pour la biographie d'Enguerrand de Marigny, de Guillaume de Nogaret et de Guillaume de Plasian. Voyez notamment le contrat de mariage d'une fille de Guillaume de Plasian avec Raymond Pelet, seigneur d'Alais.

[1] *Hujusmodi negotium non solum arduum immo arduissimum reputantes.* Dupuy, *Pr.*, p. 102.
[2] *L'abbé de Cisteaux seul, à eux non assentant, avec indignation et desdaing tant du roy comme des prélats*, Chn. de St-Denis, V, p. 150. *Abbate Cistercii duntaxat excepto.* Cont. Guill. de Nangis, 1303; Giov. Villani, VIII, 62. La chronique en vers des abbés de Cîteaux dit de lui : *Fulgur tonans sceleratis.* Peut-être faut-il ajouter au nom de l'abbé de Cîteaux, ceux des abbés de Prémontré et de Cluny, *Ann. dominican. Colmar.*, 1303.
[3] Dupuy, *Pr.*, pp. 132 et 133. Philippe le Bel profita de cette défense pour faire arrêter tous les prêtres italiens qui se trouvaient en France. Voyez la Bulle : *Super Petri solio.* Raynaldi, 1303, 36.
[4] Ordonn. du 15 novembre 1302. Félibien, *Pr.*, p. 615.
[5] *Deo facere per viam justitiae sacrificium optimum.* Dupuy, *Pr.*, p. 630. Je ne trouve aucune mention de la captivité de Jean de Pontoise dans les statuts de l'ordre de Cîteaux de 1303. J'y lis seulement : *Cum ordo sit in magnis debitis, et diversis creditoribus obligatus...*

de sceller en cire blanche [1]; le second était de placer sur son sceau l'image du pape, assis dans la chaire de saint Pierre, et revêtu des ornements pontificaux, et Boniface VIII expliquait ce privilége par ces paroles mémorables adressées à Jean de Pontoise : *Mecum sedisti, mecum sedebis* [2]*!* Enfin, lorsque Sciarra Colonna, caché quelque temps chez l'usurier florentin Musciato Francesi, autre complice de l'avidité et de la violence de Philippe le Bel [3], pénétra dans Anagni en criant : Mort au pape! on y trouva la bulle *Super Petri solio*, où la captivité de l'abbé de Cîteaux était mentionnée parmi les attentats qui appelaient sur le roi de France les foudres de l'Église [4].

Boniface VIII ne survécut que quelques jours à l'attentat d'Anagni. Ses contemporains l'avaient accusé d'ambition et d'avarice : il s'était réhabilité aux yeux de la postérité, en offrant au martyre un front chargé de quatre-vingt-six années [5]. A peine la tombe était-elle ouverte pour lui, que le comte de Flandre et l'abbé de Cîteaux l'y suivirent. Il semble que le dernier représentant de la puissance temporelle de la papauté ait entraîné avec lui les derniers représentants de la puissance des grands vassaux et des ordres religieux.

Gui de Dampierre acheva ses jours dans la tour de Compiègne, et ce fut dans une abbaye de l'ordre de Cîteaux qu'il reçut la sépulture.

---

[1] Ceci était, paraît-il, une distinction très-importante. Les Empereurs n'employaient point d'autre cire, et l'on rapporte que lorsque l'empereur Frédéric IV créa un duc de Modène, il lui accorda le privilége de sceller en cire blanche. *Éléments de paléographie*, par M. de Wailly, II, p. 52.

[2] Sartorius, *Cist. bis-tertium*, p. 626. *Cistercienses*, dit saint Antonin de Florence, *fuerunt magna columna ecclesiae*.

[3] D'après Villani, ce fut Musciato Francesi qui donna à Philippe le Bel le conseil de falsifier les monnaies.

[4] Raynaldi, 1303, 36.

[5] Godefroi de Paris est peu favorable à Boniface VIII, mais le pontificat des papes d'Avignon a suffi pour le faire regretter, et le poëte chroniqueur ajoute :

> Ose dire qu'en franchise
> Fu tenue à son temps l'yglise,
> Et si croy, à vérité dire,
> Que l'en li fist tout le martire
> Por l'église qu'il avoit chière.

SUR L'HISTOIRE DU XIIIe SIÈCLE.

Jean de Pontoise avait déjà cessé de vivre. Plus heureux que Gui de Dampierre, il avait vu s'ouvrir les portes de sa prison, et le continuateur de Guillaume de Nangis raconte qu'il avait abdiqué la dignité abbatiale pour préserver son ordre des funestes conséquences du ressentiment du roi [1]. Cependant le souvenir de sa sainteté et celui de son courage se

[1] Cont. Guill. de Nangis, 1304; chron. de St-Denis, V, p. 162. L'abdication de Jean de Pontoise ne termina pas les persécutions de Philippe le Bel contre l'ordre de Cîteaux. Je citerai, à ce sujet, deux documents.

Le premier est relatif à la dîme biennale accordée par le pape Benoît XI (Bulle du 14 mai 1304, à Pérouse : *Ex multiplici negotiorum varietate*, MS. des Dunes, n° 338, et Leblanc, *Traité des monnaies*, p. 188), afin que le roi de France améliorât sa monnaie (*ut moneta, considerato communi fidelium commodo, ad valorem et pondus reducatur in quo fuit tempore beati Ludovici*.

Venerabilibus et in Christo karissimis coabbatibus suis salutem, et post labentis vitae tribulationes et oppressiones varias, felicitatis aeternae solatium praestolari.

Universitatem vestram credimus non latere, quomodo biennalis decima domino regi Francorum per summum pontificem sit concessa, et qualiter ipse dominus rex per collectores suos et bailivos ad solutionem subitam et insolitam voluit compellere nos et nostros, et abbatias singulas et loca nostri ordinis singulariter decimari, in ipsius ordinis posteram confusionem et inopinabile ac irreparabile detrimentum : propter quod reverendus pater, dominus Cisterciensis, praesentibus et futuris periculis obviare cupiens, et honorem ordinis incontaminatum pro viribus observare, regiam adiit majestatem, et tandem, votiva favente gratia, non sine cordis angustia et afflictione spiritus, cum domino rege praedicto composuit, prout alias factum extitit, sicut in litteris regiis inde confectis, quarum tenorem vobis mittimus, plenius continetur. Quocirca universitatem vestram monemus et hortamur in Domino, vobis nichilominus, in virtute sanctae obedientiae, dantes firmiter in mandatis, quatenus vos et vestrum quilibet summas vobis in ultima nuper petita decimatione impositas in moneta debili, in bona et forti moneta parvorum et antiquorum Turonensium, pro duabus decimis, duobus terminis infrascriptis, praedicto patri domino Cisterciensi vel ejus mandato, apud Parisius, in octava beati Remigii proxima, pro prima decima, et pro secunda in octava Beati Johannis Baptistae continue subsequentis, sub expositione bonorum vestrorum manui regiae, et obligatione usurarum, si quid absit et propter hoc mutuum contrahere contigerit, locis et terminis assignatis, sine diminutione aliqua, persolvatis. Licebit insuper, pro expensis et laboribus evitandis, primam solutionem facere dicto patri vel ejus mandato, in Divione, tempore capituli generalis. Si vero regii collectores aliquid jam a vobis extorserint vel levaverint, nomina ipsorum collectorum et summas persolutas per litteras mittatis, vel etiam deferatis, et nos illud faciemus de vobis et ordine defalcari, etc. (MS. des Dunes, n° 609.)

Le second se rapporte à la levée d'un cinquième faite en 1303 (*Pr. des libertés de l'Église gallicane*, II, p. 234).

Acuti doloris aculeis in intimis confossi, causam, immo casum nostri ordinis Cisterciensis et totius ecclesiae gallicanae deplorantes multipliciter aggravari, intimamus quod nuper Parisius, reverendus in Christo pater, dominus abbas Cisterciensis, una cum caeteris praelatis regni et personis ecclesiasticis convocatus ad tractandum de subventione domino nostro regi praestanda, praetextu quorumdam privilegiorum sibi a domino papa concessorum de novo, annuens ne virtute dictorum privilegiorum majora possemus incurrere gravamina, coactus concessit, una cum caeteris praelatis regni et aliis personis ecclesiasticis pro se, nobisque, monasteriis et locis nostri ordinis in dicto regno constitutis, quintam unam omnium reddituum et proventuum nostri ordinis in duobus terminis persolvendam, etc. (MS. des Dunes, n° 513.)

Voyez aussi Martène, *Thes. anecd.*, I, col. 1343. Il faut descendre jusqu'aux dernières années de conservèrent entourés de respect, et il fut inscrit dans le martyrologe des bienheureux de l'ordre de Cîteaux, où l'on a résumé, en quelques mots, l'histoire de sa vie : *Per multos labores et varia rerum discrimina, ad pietatis monasticae fastigium, indefesso studio, ascensus* [1].

C'est à peu près ce que la chronique des Dunes dit aussi de l'abbé Jacques de Biervliet, mort vers le même temps que Jean de Pontoise, et réduit, comme lui, à se démettre de son autorité : *Senio et longa aegritudine fractus* [2], et cette plainte suprême, aussi vraie pour l'abbé de Cîteaux que pour l'abbé des Dunes, pour le pape que pour le comte de Flandre, n'est que l'histoire de la fin du XIIIe siècle, ce siècle remarquable entre tous ceux du moyen âge par sa science et sa gloire, ses vertus et son génie.

Philippe le Bel pour trouver les traces d'une réparation, dictée, soit par le remords, soit par la crainte d'une insurrection générale. Un document conservé aux archives de Lille nous apprend que le roi exempta, au mois de septembre 1312, l'ordre de Cîteaux de toutes les dîmes qui pourraient être levées à l'avenir, et j'ai sous les yeux une lettre du 20 mars 1313 (v. st.) où il annonce qu'il veut venir en aide à l'abbaye de Clairvaux, jadis si célèbre par la pompe et l'éclat des cérémonies religieuses, mais déjà menacée d'une ruine complète :

Monasterium inter caetera monasteria praeclarum et nobile, tot et tantorum onere debitorum opprimitur, quod, nisi de celeri remedio provideatur eidem, ipsius monasterii servientes per loca varia dispergere miserabiliter oportebit, et per consequens in eo divinum officium, quod ibidem hactenus tam devote, tamque solempniter celebratum extitit, omnino destrui, ipsumque monasterium ad irreparabilis desolationis miseriam devenire. (MS. des Dunes, n° 868.)

Et c'est Philippe le Bel lui-même qui, avant de mourir, traçait ainsi la triste histoire de son règne!

[1] Henriquez, *Menol. ord. Cisterc.*, p. 92; *Gallia christiana*, IV, col. 998.
[2] *Chr. mon. de Dunis*, p. 14.

FIN.

TABLE DES DOCUMENTS CITÉS.

Pages.

I. *Charte de Philippe le Bel sur la dîme biennale levée sur les biens de l'ordre de Cîteaux* (1294). — Cette dîme a été accordée au roi dans une assemblée de l'ordre de Cîteaux tenue à Dijon. — Il restera étranger à la levée de la dîme et elle cessera d'être réclamée si la guerre ne continue point 9

II. *Déclaration des abbés de l'ordre de Cîteaux relative à la même dîme.* — Ils croient devoir consentir à la demande qui en a été faite par le roi afin qu'il puisse protéger leurs biens contre les ennemis de la France. 10

III. *Protestation des abbayes cisterciennes du diocèse de Tournay contre la levée de la maltôte* (1296). — Elles invoquent le privilège qu'elles ont reçu de l'autorité pontificale, de ne devoir payer ni les dîmes, ni les impôts extraordinaires 11

IV. *Mémoire en réponse à la monition adressée par l'archevêque de Reims.* — La puissance spirituelle et la puissance temporelle sont distinctes; la seconde n'a pas le droit de régir la première, qui lui est supérieure. — Le roi ne peut forcer le clergé à des subventions extraordinaires, sans l'assentiment du pape. — Pharaon lui-même exceptait les prêtres et leurs biens de la servitude commune. — Les biens du clergé sont nécessaires à l'entretien des pauvres. — Les légistes disent que le clergé est uniquement tenu des charges établies *ad instructionem bonorum et redemptionem captivorum.* La subvention que réclame le roi est bien différente, et l'ordre de Cîteaux croirait, en s'y soumettant, se rendre coupable de négligence, de parjure et de désobéissance. . 13

V. *Acte d'appel adressé au pape par le chapitre général de l'ordre de Cîteaux.* — Il y a des princes aveuglés par les intérêts temporels, qui, au lieu de protéger les personnes ecclésiastiques, veulent les accabler d'impôts. Loin d'imiter Pharaon qui respectait, quoique idolâtre, la liberté des prêtres, ils font peser sur le clergé presque toutes leurs exactions, et on les voit s'attribuer un pouvoir qu'ils n'ont pas, au lieu de réclamer respectueusement de l'autorité pontificale les subsides nécessaires à l'utilité publique. — Les conseillers des princes, clercs et autres, n'osant pas leur dire la vérité, répètent *quod datur omnia servitio principis.* — Ils oublient la distance qui sépare le pouvoir temporel du pouvoir spirituel, usurpent témérairement ce que Dieu a réservé aux ouvriers de sa vigne et à ses pauvres, et dénaturent le sens des Saintes

TABLE DES DOCUMENTS.

Pages.

Écritures. — Devenus aveugles, ils tomberont dans l'abîme et y entraîneront les princes avec eux. — Cependant personne n'ose s'exposer au martyre et aucune voix ne s'élève pour la défense du pouvoir religieux ébranlé dans le monde. — Dans ce péril, l'ordre de Cîteaux réclame instamment la protection du pape 15

VI. *Bulle de Boniface VIII* (15 mai 1297). — Il permet la levée d'une dîme au profit du roi de France. 21

VII. *Bulle de Boniface VIII* (15 mai 1297) — Il désigne comme exécuteurs de cette dîme l'archevêque de Rouen, l'évêque d'Auxerre et l'abbé de St-Denis 22

VIII. *Bulle de Boniface VIII* (9 août 1297). — Il accorde au roi une année du revenu de tous les bénéfices vacants. . . . . *Ib.*

IX. *Lettre adressée par le doyen de Tournay aux abbés de l'ordre de Cîteaux pour réclamer des subsides en faveur du pape.* — L'Église est menacée des mêmes malheurs qu'au temps de l'empereur Frédéric II. — Malgré les avertissements et les menaces du pape, Frédéric d'Aragon, issu d'une race perverse, persiste à usurper la Sicile qui appartient au Saint-Siége. — Le pape veut mettre un terme à ces guerres qui ont déjà coûté beaucoup de sang, sans parler de celles qu'il soutient contre les Colonna. . . . *Ib.*

X. *Lettre de Jean de Sancy, abbé de Clairvaux, sur deux nouvelles dîmes réclamées par le roi* (25 février 1299, v. st.). — L'ordre de Cîteaux est réduit à la servitude par des exactions intolérables. — Le roi a exigé de nouvelles dîmes en menaçant les abbés de l'ordre de Cîteaux, si on ne les lui accordait, de les faire lever *virtute regia*. — Ils ont cédé, mais avec douleur 23

XI. *Lettre de l'abbé de Saint-Germain des Prés au pape* (1er mars 1299, v. st.). — Triste situation de ce monastère. — Causes de sa ruine 24

XII. *Instructions données aux ambassadeurs de Gui de Dampierre en Angleterre.* — Ils diront que le comte de Flandre a toujours beaucoup aimé le roi Édouard Ier. — C'est surtout depuis que le mariage de son fils avec Philippine de Dampierre a été résolu, que le roi a traité le comte de Flandre avec plus de rigueur. — Le duc de Brabant et le comte de Bar pressaient depuis longtemps Gui de Dampierre de s'allier avec Édouard Ier en lui promettant qu'il aurait, en ce cas, autant d'argent qu'il le voudrait, en même temps qu'il assurerait de beaux mariages à ses enfants. — Mais le comte était trop loyal pour manquer à ses devoirs de feudataire vis-à-vis de Philippe le Bel. — Il se trouve enfin délié de tout lien d'obéissance, selon l'avis des théologiens et des juris-consultes, et tandis que les abbés de Gemblours et de Floreffe se rendent près du roi de France pour lui signifier le défaut de droit, les sires de Blaumont et de Cuyck récla-ment l'appui du roi d'Angleterre 25

XIII. *Acte d'appel au pape interjeté par le comte de Flandre* (25 janvier 1296, v. st.). — Le comte de Flandre avait prêté serment d'hommage comme pair du royaume à Philippe le Bel, comme il l'avait fait à Philippe le Hardi et à saint Louis, mais le roi l'a retenu prisonnier, s'est allié à ses ennemis et s'est conduit vis-à-vis de lui contre toutes les règles de la raison et de la justice en lui refusant le jugement des pairs. — Il ne restait au comte qu'à se déclarer affranchi de tout lien de sujétion et à se placer sous la pro-tection de Dieu, puisque le roi de France ne reconnaît sur la terre aucun pouvoir supérieur au sien 27

TABLE DES DOCUMENTS.

Pages.

XIV. *Lettre de l'empereur Adolphe de Nassau au comte de Flandre* (31 août 1297). — Il s'efforcera, malgré la rébellion des princes de l'Empire, de secourir Gui de Dampierre contre le roi de France; il espère que le roi d'Angleterre se rendra aussi en Flandre et lors même que ce prince ne le ferait point, il sera fidèle à ses engagements 29

XV. *Lettre de Michel As Clokettes et de Jacques Beck au comte de Flandre* (Rome, 2 avril 1297, v. st.). — Ils ont trouvé Philippe de Thiette à Rome et ils se sont rendus avec lui chez le pape qui leur fit bon accueil. — Philippe de Thiette a quitté Rome avec le duc de Calabre, fils du roi Charles d'Anjou. — Il convient que les ambassadeurs, qu'on enverra à Rome, soient bien munis d'argent. — Ils ont choisi les meilleurs avocats de la Cour pontificale. — Le pape assiége le château des Colonna. — Frédéric d'Aragon et Charles d'Anjou font de grands préparatifs pour se combattre 31

XVI. *Lettre de Michel As Clokettes et de Jacques Beck à Robert de Béthune* (Rome, 20 avril 1298). — Ils lui annoncent que le pape l'attend impatiemment et s'il doit s'arrêter à Gênes, ils se rendront près de lui pour lui expliquer la situation des choses . . . 33

XVII. *Mémoire présenté au pape par Robert de Béthune, Jean de Namur et Philippe de Thiette.* — Ils le prient de rétablir la paix, de faire relâcher les prisonniers, de maintenir les trêves et de s'interposer pour que leur sœur, rendue à la liberté, puisse épouser le fils du roi d'Angleterre. — Importance de cette alliance pour la Flandre . *Ib.*

XVIII. *Autre requête présentée au pape.* — Mêmes demandes que dans le mémoire précédent. — Questions relatives à la collation des bénéfices et à la levée des dîmes. — Les bourgeois de Valenciennes, que le comte de Hainaut a fait arracher des églises, réclament la protection de l'autorité ecclésiastique. 35

XIX. *Lettre du comte de Flandre à ses fils* (Peteghem, 25 juillet 1298). — Il se trouve en bonne santé, mais fort triste. — Les gens du roi de France ne cessent de l'accabler de vexations et réclament les châtellenies des villes qu'ils occupent. — Débat relatif à la ville de Renaix. — Plaintes contre l'évêque de Tournay. — Il convient de marcher d'accord avec le comte de Savoie, ambassadeur du roi d'Angleterre à Rome. — Il vaut mieux ne pas soumettre ce différend à l'arbitrage du pape. — Albert d'Autriche a vaincu Adolphe de Nassau et se dirige vers Aix. — Gui de Dampierre a envoyé vers lui le sire de Fauquemont. — On présume que le pape s'opposera à l'élection d'Albert d'Autriche. — Le comte de Savoie est fort aimé du pape. — Ces lettres étaient achevées quand le comte a appris que ses fils s'étaient soumis à l'arbitrage du pape. — Il leur envoie les procurations qu'ils ont demandées. — Il les presse d'insister pour que le mariage de sa fille avec le fils d'Édouard Ier ait lieu, et de demander aussi l'annulation des privilèges accordés *par nécessité* aux villes de Flandre . . . . . . *Ib.*

XX. *Lettre des fils du comte de Flandre à leur père* (Rome, juin 1298). — Ils se sont rendus à l'audience du pape avec les ambassadeurs anglais. — Ils ont cherché à établir que le roi de France n'avait jamais consenti à soumettre les plaintes du comte de Flandre au jugement des pairs. — Le pape leur demande à être choisi pour arbitre. — Leur hésitation. — Ils consultent les ambassadeurs anglais. — Ils acceptent l'arbitrage du pape, en faisant des réserves pour ce qui concerne l'alliance du roi d'Angleterre. — Le pape déclare qu'il ne songe pas à augmenter les possessions du

TABLE DES DOCUMENTS.

Pages.

  roi de France, déjà trop vastes 41

XXI. *Lettre des fils du comte de Flandre à leur père* (Rome, juin 1298). — Ils exposent avec plus de détails les raisons qui les ont portés à se soumettre à l'arbitrage du pape. — Motifs divers. — Ce qu'ils ont à redouter du pape. — Ils craignent aussi qu'on ne leur reproche d'être le seul obstacle à la paix de l'Europe. — Mauvaise disposition des esprits en Flandre. — Intrigues de Philippe le Bel en Hollande. 44

XXII. *Relation de l'audience accordée par le pape aux fils du comte de Flandre* (25 juin 1298). — Discours adressé au pape afin que le comte de Flandre soit compris dans les négociations entre les rois de France et d'Angleterre. — Dangers qui menaceraient Gui de Dampierre, s'il en était autrement. — L'archevêque de Dublin appuie ces paroles 46

XXIII. *Lettre des fils du comte de Flandre à leur père* (Rome, 30 juin 1298). — Autres détails sur la même audience. — Réponse peu favorable du pape. — Arrivée à Rome des députés de la ville de Bruges. — Sentence arbitrale du pape 47

XXIV. *Relation de la conférence qui eut lieu entre les fils du comte de Flandre et les ambassadeurs anglais.* — Robert de Béthune et ses frères démentent certaines paroles qui leur ont été attribuées. — Ils ne veulent rien faire contre l'alliance qui existe entre le roi d'Angleterre et le comte de Flandre 49

XXV. *Bulle du pape.* — Il proroge les délais de l'appel interjeté par le comte de Flandre. 50

XXVI. *Lettre de Robert de Béthune à son père.* — La fièvre le retient à Lausanne. — Le bruit court que la paix est faite entre Charles d'Anjou et Frédéric d'Aragon . . 51

XXVII. *Lettre de Robert de Béthune et de Jean de Namur à Jacques Beck et à Michel As Clokettes* (Baume, 11 septembre 1298). — Ils les chargent de faire connaître au cardinal de Parme l'état des affaires de Flandre et la nécessité de faire observer la trêve. — Le sire de Blanmont n'est pas mis en liberté. — Captivité de Jean Baillol, roi d'Écosse. — Rachat de la croix de la comtesse de Flandre. — Boniface VIII a-t-il accepté l'arbitrage comme pape ou comme personne privée? — Il est question d'ajourner le roi de France devant le pape 52

XXVIII. *Lettre du comte de Flandre au roi d'Angleterre.* — Confiance qu'il place dans son appui. — Inobservation des trêves. — Dangers qui le menacent. — Il le supplie d'avoir pitié de lui. — Bonnes dispositions d'Albert d'Autriche, qui veut apaiser les difficultés entre les comtes de Flandre et de Hainaut 56

XXIX. *Lettre adressée au comte de Flandre* (Rome, 19 février 1298, v. st.). — Plaintes sur l'absence de toutes nouvelles de Flandre. — Influence du roi de France à Rome. — Procès contre l'évêque de Térouane 58

XXX. *Lettre adressée au comte de Flandre* (Rome, 22 avril 1299). — Le comte de Hainaut annonce l'intention de réclamer le comté de Flandre. — Ses envoyés à Rome ont été prévenus qu'en ce cas Gui de Dampierre revendiquerait le Hainaut. — Affaires d'Allemagne. — Départ du pape pour Anagni 59

XXXI. *Lettre de Jean de Menin au comte de Flandre* (Anagni, 9 juillet 1299). — Il a demandé au pape qu'il fît rendre la liberté à Philippine de Dampierre et au sire de Blanmont et qu'il veillât à l'observation des trêves. — Réponse courtoise du pape. — Depuis lors rien ne s'est fait. — Motif secret qui porte Jean de Menin à ne rien espérer.

TABLE DES DOCUMENTS.

Pages.

— Les Colonna se sont évadés de Tivoli et on dit qu'ils réunissent leurs partisans près de Rome. — Philippe de Thiette s'est embarqué à Naples pour la Sicile. — Grandes guerres en Lombardie. — Jean de Menin manque d'argent. — Il songe à retourner en Flandre.—Les cardinaux de Parme et d'Aquasparta soutiennent les intérêts de Gui de Dampierre.—On annonce que les négociations entre Philippe le Bel et Albert d'Autriche sont rompues à la grande joie du pape qui refuse à ce dernier le titre de roi. — Jean de Menin espère que la paix ne se fera point entre les rois de France et d'Angleterre. — Paroles du pape à ce sujet. — Maladie du pape. — Il veut reprendre des forces dans son pays natal, afin de pouvoir aller dans quelque lieu convenable entendre en personne les rois de France et d'Angleterre, et le comte de Flandre. — Philippe de Thiette a abordé en Sicile avec le roi d'Aragon et le duc de Calabre 60

XXXII. *Lettre adressée au comte de Flandre* (Anagni, 23 juillet 1299). — Le roi d'Aragon, le prince de Tarente et Roger de Loria ont pris vingt-deux galères à Frédéric d'Aragon, aux Siciliens et aux Génois. — Réjouissances à Anagni. — Départ du cardinal de Parme pour la Pouille. — Audience du pape. — On a reçu la nouvelle du traité fait entre Philippe le Bel et Édouard Ier. — Discours adressé par le pape aux cardinaux. — Il veut rétablir partout la paix, dût-il succomber dans cette tâche. — Négociations de Philippe le Bel et d'Albert d'Autriche 64

XXXIII. *Lettre du comte de Flandre à Jean de Menin.* — Voyage de l'évêque de Vicence. — Réconciliation des rois de France et d'Angleterre. — Tentative inutile de Guillaume de Dampierre près d'Édouard Ier. — Plaintes contre le pape. — Il est le seul appui que le comte de Flandre puisse espérer, car il n'attend plus rien ni du roi d'Allemagne, ni du roi d'Angleterre 66

XXXIV. *Lettre de maître Bassian au comte de Flandre* (Gand, 27 décembre 1299). — Conférence en présence de l'évêque de Vicence. — Plaintes de Simon de Melun contre le comte. — Débats relatifs aux monnaies. — Départ de Baudouin de Quaetypre pour l'Angleterre 68

XXXV. *Lettre de Philippe de Thiette à Robert de Béthune* (Catane, 11 novembre 1299). — Il regrette de se trouver éloigné de Rome. — Il croit pouvoir mieux se concilier la faveur du pape en combattant pour sa cause. — Sa tristesse. — Ses vœux. — Succès obtenus en Sicile 70

XXXVI. *Lettre de Robert de Béthune à Michel As Clokettes et à Jean de Menin.* — Situation de plus en plus déplorable des affaires de Flandre. — Nécessité de recourir à la protection du pape. — Charles de Valois s'est emparé de Douay. 71

XXXVII. *Lettre de Gui de Namur à Robert de Béthune* (Ypres, 3 mai 1300). — On a appris la prise de Damme par les Français. — Agitation à Ypres. — Les bourgeois se plaignent de ce qu'on les a abandonnés sans défense. — Capitulation prochaine de la ville d'Ardenbourg 72

XXXVIII. *Mémoire présenté au pape par les ambassadeurs du comte de Flandre.* — Exposé succinct des griefs du comte de Flandre contre le roi de France. — Motifs qui doivent engager le pape à statuer sur ces griefs. — Le pape est juge suprême dans les affaires spirituelles et temporelles, comme vicaire de Jésus-Christ. — Il

TABLE DES DOCUMENTS.

Pages.

est juge entre tous ceux qui ne reconnaissent aucune autorité supérieure; c'est pourquoi, il peut déposer l'Empereur et aussi le roi de France. — Il est juge par l'appel du comte : on sait que le droit d'appel au Saint-Siége appartient à tous les opprimés et il n'est, d'ailleurs, aucun homme, quelque grand qu'il soit, qui n'ait un juge au-dessus de lui. — Il est juge parce qu'il lui appartient de corriger tous les pécheurs, et il est certain que le roi de France a péché dans ce qu'il a fait contre le comte. — Il est juge à raison des sacriléges commis dans la destruction des églises, et il l'est aussi parce que la captivité de la fille du comte est du ressort ecclésiastique. — Il est juge parce que le roi en refusant au comte le jugement des pairs, a voulu juger en sa propre cause, bien qu'il soit notoirement l'ennemi du comte. — Il est juge parce qu'il lui appartient de faire respecter la trève qu'il a confirmée. — Enfin il est digne du pape de remplir la mission qu'il a reçue du divin Maître qui disait : que la paix soit avec vous! en mettant un terme aux discordes et aux guerres. 74

XXXIX. *Lettre des ambassadeurs flamands au comte de Flandre* (17 janvier 1299, v. st.). — Sermon du cardinal d'Aquasparta dans l'église de Latran. — Il reproduit les principales conclusions du mémoire précédent. — Puissance spirituelle et temporelle de l'Église qui peut frapper tous les hommes, quelque grands qu'ils soient, par l'épée spirituelle et l'épée temporelle. — Audience du pape. — Dither de Nassau, archevêque de Trèves. — Le pape mécontent de l'alliance de Philippe le Bel et d'Albert d'Autriche. — Guillaume de Juliers à l'école de Bologne. — Les siéges de Cologne et de Mayence seront vacants plus tôt qu'on ne le pense. — Gui de Hainaut eût obtenu l'archevêché de Trèves, si son frère n'avait pas été l'allié du roi de France 78

XL. *Lettre de Gérard de Ferlin à Jean Makiel* (5 mars 1299, v. st.). — Il se rend à Naples. — Jusqu'à ce moment on n'a rien obtenu du pape. 80

XLI. *Bref du pape* (18 décembre 1301). — Il recommande aux évêques et aux abbés Jacques de Normanno qu'il envoie en France. 82

XLII. *Lettre de Jacques de Normanno à l'archevêque de Reims* (4 février 1301, v. st.). — Il a reçu une somme de deux cents florins d'or 83

XLIII. *Fausse bulle du pape* (13 mai 1297). — Elle autorise le mariage de toutes les personnes ecclésiastiques de l'un ou de l'autre sexe, sans en excepter le pape. — Le pape fera élever à ses frais les enfants de ses prédécesseurs et ceux des cardinaux. — Les enfants des religieux et des curés recevront une pension convenable dans les monastères ou dans les paroisses. — Sera considéré comme hérétique quiconque n'observera pas la présente constitution 84

XLIV. *Bulle du pape.* — Plaintes contre les évêques qui sacrifient les devoirs spirituels aux intérêts temporels. — Il leur est défendu de quitter à l'avenir leurs diocèses. 86

XLV. *Protestation de la ville de Bruges contre la sentence de l'évêque de Tournay* (7 décembre 1302). — Péril des âmes, empêchements apportés à la célébration des mariages, etc. 90

XLVI. *Requête présentée au pape par le clergé de la Flandre.* — Il réclame la protection du pape. — Il est urgent de pourvoir aux bénéfices vacants. — Une dîme est

TABLE DES DOCUMENTS.

nécessaire pour que Philippe de Thiette puisse protéger le pays contre l'agression du roi de France. — La création d'un ou de deux évêchés en Flandre serait fort utile, parce que les évêques, dont la Flandre relève, résident en terre ennemie. — La langue flamande n'est pas comprise par ces évêques. — Les diocèses sont trop étendus. — Les églises et les monastères de Flandre sont assez riches pour suffire aux dépenses qu'entraînerait la fondation d'un ou deux évêchés 91

XLVII. *Diplôme de chevalier ès-lois* 94

XLVIII. *Déclaration des abbés de l'ordre de Cîteaux* (1304). — Détresse de l'ordre de Cîteaux et de toute l'Église de France. — Il a fallu céder aux menaces des baillis du roi 97

XLIX. *Déclaration des abbés de l'ordre de Cîteaux* (1305). — Mêmes plaintes. — Le roi a exigé une nouvelle subvention . . . . *Ib.*

L. *Lettre du roi de France* (20 mars 1313, v. st.). — Il annonce qu'il veut venir en aide à l'abbaye de Clairvaux, déjà si près de sa ruine, que le service divin y a à peu près cessé. 98

FIN DE LA TABLE DES DOCUMENTS.

www.ingramcontent.com/pod-product-compliance
Lightning Source LLC
Chambersburg PA
CBHW070524100426
42743CB00010B/1940